Collection folio junior

dirigée par
Jean-Oli~~~~~~
et Pierre~~~~

D0805291

Décerné à l'élève

Chriqui Marc

Mr et Mrs Gilbreth décident le jour de leur mariage qu'ils auraient douze enfants. Et en effet, ils eurent six garçons et six filles : douze petits rouquins élevés par des parents, ingénieurs industriels, obsédés par l'étude du rendement. Frank et Ernestine Gilbreth, deux des douze enfants, racontent ici leur enfance : *Treize à la douzaine* n'est donc pas une fiction mais une histoire de famille. Les Gilbreth, une famille peu banale qui mérite bien qu'on la raconte...

Roland Sabatier est né en 1942, en Province. Il avoue avec malice avoir fait de bruyantes études aux Beaux-Arts de Paris dans la section cuivres de la fanfare d'architecture.

Il semble avoir abandonné « les cuivres » et la fanfare pour s'adonner à la « charcuterie » : au cœur de l'Auvergne, il tue « au moins deux cochons par an ».

Il dessine pourtant et beaucoup, pour la presse de loisir et pour les ouvrages scolaires. Pour la collection Enfantimages, il a illustré *Le marchand de sable ne passe jamais* et, pour Folio Junior, il a exécuté la couverture de l'*Histoire de Sindbad le marin*.

Il aime observer les feuilles mortes, leur décomposition et les champignons pour le plaisir de les reproduire.

Titre original :
Cheaper by the Dozen

ISBN 2-07-033460-0
© Pierre Horay, Éditions de Flore, 1949, pour la traduction française
© Éditions Gallimard, 1983, pour les illustrations
© Éditions Gallimard, 1988, pour la présente édition
Dépôt légal : Janvier 1988
N° d'éditeur : 42044 — N° d'imprimeur : 44086
Imprimé en France sur les presses de l'imprimerie Hérissey

Ernestine et Frank Gilbreth

Treize à la douzaine

Traduit de l'américain
par J.N. Faure-Biguet

Illustrations de Roland Sabatier

Pierre Horay

I
Coups de sifflet
et coups de blaireau

Papa était un homme grand. Il avait une grosse tête, des bajoues et un col à la Herbert Hoover. Depuis longtemps, il n'était plus mince. Il avait dépassé le cap des cent kilos au début de la trentaine et l'avait laissé si loin derrière lui qu'il était parfois obligé d'emprunter une échelle à bagages pour monter dans le train. Mais il se comportait avec l'assurance d'un homme arrivé, fier de sa femme, fier de ses enfants, fier de sa réussite dans les affaires.

Papa avait assez de toupet pour en imposer aux autres et assez de talent et d'importance pour soutenir le personnage qu'il entendait jouer aux yeux du monde. S'il entrait dans une usine, chez Zeiss, par exemple, en Allemagne, ou chez Pierce Arrow dans notre pays, il annonçait tout de go qu'il pouvait augmenter la production d'un quart. Et, en général, il le faisait.

L'une des raisons pour laquelle il eut tant d'enfants — nous n'étions pas moins de douze — venait de la confiance qu'il avait en tout ce que lui et Maman entreprenaient ensemble. Ce ne pouvait être qu'un succès.

Papa mettait toujours en pratique ce qu'il prêchait, et il était impossible de délimiter où finissait en lui l'homme de science et où commençait le père de famille. Son bureau était sans cesse plein d'enfants. Il emmenait souvent deux ou trois d'entre nous, quand ce n'était pas la douzaine, dans ses déplacements d'affaires, et nous le suivions, carnet de notes et crayon en main, pendant qu'il visitait une usine qui avait requis ses services comme « expert au rendement ».

D'ailleurs notre maison de Montclair, dans le New Jersey, était une véritable école de rationalisation scientifique pour l'élimination des mouvements inutiles, ce que Papa et Maman appelaient « l'étude du mouvement ».

Papa nous filmait, par exemple, nous, les enfants, en train de laver la vaisselle, afin de calculer quels étaient les mouvements que nous pouvions économiser pour finir plus vite notre besogne. Quant aux travaux qui sortaient de l'ordinaire, comme peindre le porche de derrière ou arracher une racine de la pelouse du devant, ils étaient attribués au moindre enchérisseur. Ceux de nous qui désiraient un petit supplément d'argent de poche faisaient une proposition sous pli cacheté ; la moins chère obtenait l'adjudication.

Papa avait affiché des emplois du temps et des tableaux de travail dans les salles de bains. Chacun, dès qu'il était assez grand pour écrire, — et Papa attendait de ses rejetons qu'ils écrivissent à l'âge le plus tendre, — devait tous les matins signer, à l'endroit voulu, après s'être brossé les dents, baigné, coiffé et avoir fait son lit. Tous les soirs, chacun de nous devait se peser, inscrire son poids sur un graphique et signer de nouveau après avoir fini son travail domestique, s'être lavé les mains, la figure et les dents. Maman aurait voulu qu'il y eût, sur l'emploi du temps, une place réservée à la prière. Mais papa disait qu'à son point de vue, la prière devait être spontanée.

C'était un peu caserne, c'est vrai ! Mais pensez au mal que la plupart des parents se donnent pour s'en tirer avec un seul enfant. Et multipliez cela par douze. Un certain enrégimentement était nécessaire pour éviter la folie. Naturellement, il arrivait qu'on signât le tableau sans avoir fait ce qu'on avait à faire. Mais l'œil perçant de Papa et sa main terriblement leste étaient singulièrement favorables à l'expression de la vérité.

Oui, chez lui comme dans les affaires, il ne cessait jamais d'être expert au rendement. Il boutonnait son gilet de bas en haut et non de haut en bas parce que le boutonnage de bas en haut ne lui prenait que trois secondes, tandis que le boutonnage de haut en bas lui en prenait sept. Il se servait de deux blaireaux pour se barbifier parce que cela lui faisait économiser dix-sept secondes. Pendant un certain temps, il essaya même de se raser avec un rasoir dans chaque main, mais il finit par y renoncer.

— Je peux gagner quarante-quatre secondes, grommelait-il, mais j'ai perdu deux minutes ce matin à me mettre ce pansement sur la gorge.

Ce n'était pas la gorge tailladée qui le tourmentait, c'étaient les deux minutes.

Certaines personnes disaient volontiers que Papa avait tant d'enfants qu'il n'arrivait pas à les reconnaî-

9

tre. Papa lui-même racontait qu'un jour Maman lui avait confié la maisonnée pendant qu'elle allait faire une conférence. À son retour, elle lui avait demandé si tout avait bien marché.

— Comme sur des roulettes, avait-il répondu, à l'exception de ce petit là-bas. Une bonne gifle l'a vite ramené à la raison !

Maman pouvait faire face à n'importe quelle situation sans perdre son sang-froid.

— Mais cet enfant-là n'est pas à nous, mon ami, dit-elle tranquillement. Il est à la maison d'à côté.

Aucun de nous ne se souvient de cette histoire et peut-être n'est-elle jamais arrivée. Papa n'en était pas à cela près avec la vérité, parce qu'il n'aimait rien tant que la plaisanterie. Particulièrement quand elle le concernait, mais plus particulièrement encore quand elle concernait Maman. Une seule chose était certaine : il y avait deux petits rouquins dans la maison voisine et toutes les têtes des Gilbreth étaient blondes ou rousses.

S'il menait sa famille strictement à la baguette, en revanche Papa ne tolérait aucune critique sur elle de la part des étrangers. Un jour qu'un voisin s'était plaint qu'un des Gilbreth avait traité son fils d'un nom « qu'on ne pouvait pas répéter »...

— Qu'est-ce que vous voulez dire par là ? avait-il demandé doucement, avançant vers le voisin de telle manière que celui-ci n'avait pas demandé son reste.

Mais comme Papa détestait les mots « qu'on ne pouvait pas répéter », le fait d'avoir pris le parti de son fils ne l'empêcha pas de tenir une pleine cour de justice dès qu'il fut rentré à la maison et d'administrer une correction au coupable.

Il n'était jamais plus heureux que dans une foule, surtout si c'était une foule de gosses. Où qu'il fût, il en traînait toujours à ses trousses, — et ceux qui avaient le plus de taches de rousseur étaient automatiquement des Gilbreth. Il avait sa manière de prendre les enfants tout en les laissant à leur place. C'est qu'il avait du respect pour eux, et ne le leur cachait pas.

Il était persuadé d'ailleurs que le cerveau de la plupart des grandes personnes avait cessé de fonctionner le jour même de leur sortie de l'école et, pour quelques-uns même, avant.

— Un enfant, au contraire, prétendait-il, reste sensible et avide de connaître. Prenez-en un assez jeune, et il n'y a pas de limite à ce que vous pouvez lui enseigner.

En réalité, ce fut son amour des enfants plus que tout autre chose qui lui fit désirer d'en avoir un tel troupeau. Même avec sa douzaine, il n'était pas pleinement satisfait. Parfois, il nous regardait tous et disait à Maman :

— Ne vous tracassez pas, Lillie. Vous avez fait de votre mieux !

Nous, nous le suspections souvent d'avoir voulu une nombreuse famille pour s'assurer à la maison un auditoire bienveillant. Avec nous autres, il était certain de faire salle comble de l'orchestre au poulailler.

Chaque fois qu'il revenait de voyage, — même si son absence n'avait duré qu'un jour, — il sifflait le « rassemblement » dès qu'il tournait le coin de notre grande maison marron de Montclair. C'était un air qu'il avait composé lui-même. Il le sifflait en repliant la langue contre les dents du devant, ce qui donnait un son fort et perçant. Comme il ne faisait jamais aucun exercice, celui-ci lui demandait un effort considérable, et il en étouffait presque à la fin.

Le signal était d'importance. Il fallait tout laisser tomber et accourir, ou l'on risquait de terribles représailles. Dès qu'il retentissait, les enfants Gilbreth se ruaient de tous les coins de la maison ou de la cour. Les chiens du quartier, aboyant comme des démons, suivaient en trombe. Des têtes surgissaient précipitamment aux fenêtres des immeubles voisins.

Papa sifflait souvent le « rassemblement ». Il le sifflait quand il y avait une nouvelle grave concernant la communauté et qu'il voulait être sûr que toute la famille serait au courant. Il le sifflait quand il s'ennuyait et qu'il désirait que ses enfants l'amusassent. Il le sifflait quand il avait invité un ami et qu'il voulait, à la fois, le présenter à toute la famille et lui montrer avec quelle rapidité elle pouvait être réunie. À ces occasions-là, Papa déclenchait la trotteuse du chronomètre qui ne quittait jamais la poche de son gilet.

Comme la plupart des « inventions » de Papa, le « rassemblement » n'était pas qu'une corvée, il avait son utilité. On le vit bien le jour qu'un feu d'herbes gagna dangereusement du terrain et menaça un côté de notre muraille. Papa siffla et la maison fut évacuée en quatorze secondes, — le meilleur record se trouvant cette fois battu de huit secondes.

Une autre raison rendit cet incident mémorable. L'un de nos braves voisins contemplait l'incendie de sa cour. Au moment du plus grand affolement, sa femme vint jusque sur le pas de leur porte et l'appela.

— Qu'est-ce qui se passe ?

— La maison des Gilbreth est en flammes, grâce au ciel ! répondit-il.

— Faut-il faire venir les pompiers ?

— Qu'est-ce qui te prend, tu es folle ?

Heureusement, le feu fut rapidement maîtrisé. Et sans les pompiers.

Papa sifflait le « rassemblement » quand il voulait savoir qui s'était servi de ses rasoirs ou qui avait renversé de l'encre sur son bureau. Il le sifflait quand il avait un travail particulier à nous confier ou des commissions à nous faire faire. Mais le plus souvent, il le sifflait quand il voulait nous distribuer des surprises, et celui qui arrivait le premier recevait le plus beau cadeau.

Ainsi ne savions-nous jamais s'il nous appelait pour une bonne ou une mauvaise nouvelle, pour une babiole ou un présent de valeur. Mais nous savions bien que notre intérêt était d'arriver le plus vite possible.

Quelquefois, lorsque nous accourions à la porte d'entrée, il commençait par prendre un air sévère.

— Montrez-moi vos ongles, vous tous, grondait-il en fronçant les sourcils. Sont-ils propres ? Les avez-vous rongés ? Ont-ils besoin d'être coupés ?

Et puis il tirait de ses poches des trousses à ongles en cuir pour les filles et des canifs pour les garçons.

Comme nous pouvions l'aimer alors, quand les rides qui plissaient son front s'effaçaient pour faire place à un bon sourire !

Parfois aussi, il donnait à la ronde de solennelles poignées de main et nous laissait entre les doigts une tablette de chocolat à la noix. Ou bien il nous demandait qui avait un crayon et soudain nous offrait une douzaine de porte-mines automatiques.

— Voyons, quelle heure est-il ? nous demanda-t-il un jour.

Et il sortit de sa poche des bracelets-montres pour nous tous, même pour le dernier-né qui n'avait que six semaines.

— Oh ! Papa, nous écriâmes-nous, elles sont juste à l'heure !

Et lorsque nous l'entourions de nos bras, lui disant à quel point il nous manquait quand il n'était pas là, il était si ému qu'il ne pouvait pas nous répondre. Il nous ébouriffait les cheveux et nous donnait une tape sur le derrière.

II
Pierce Arrow

Il y avait encore bien d'autres surprises. Des boîtes de bonbons de chez Page and Shaw, des poupées et des joujoux, des appareils de photographie qui venaient d'Allemagne, des chaussettes de laine qui venaient d'Écosse, une douzaine de poules « Plymouth Rock », et deux moutons qui étaient destinés à tondre la pelouse, mais qui succombèrent, les pauvres, à l'action combinée de notre ardeur à monter dessus, à les caresser et à leur tirer la queue ! Ils nous amusèrent bien tant qu'ils durèrent et il est douteux qu'aucune paire de quadrupèdes ait jamais été tondue aussi souvent par autant de mains différentes.

— Si jamais j'apporte une autre chose vivante dans cette maison, nous dit Papa, j'espère que la Société protectrice des animaux me traînera devant son tribunal et me fera payer ma dette à la communauté. Je ne me suis jamais senti si honteux de ma vie que devant ces moutons !

Quand Papa acheta la maison de Montclair, il nous la décrivit comme une baraque en ruine dans un quartier misérable. Nous crûmes d'abord que c'était une de ses farces habituelles, mais il finit quand même par nous convaincre que ce n'était qu'une bicoque.

— Ça coûte un tas d'argent d'entretenir une famille pareille ! disait-il. La nourriture, les vêtements, les études, les notes de médecins, redresser les dents de travers et payer des ice-creams sodas, et quoi encore ! Je suis navré, mais je n'ai pas pu faire mieux. Nous

tâcherons de la rafistoler comme nous pourrons et il faudra bien nous en contenter.

Nous vivions à cette époque-là à Providence, dans l'État de Rhode Island. Nous fîmes le voyage en voiture et, quand nous passions devant une masure plus ou moins décrépite, Papa nous la montrait du doigt.

— Vous voyez, c'est une maison dans ce genre-là, mais il y a encore plus de carreaux cassés et la cour est peut-être un peu plus petite.

A l'entrée de Montclair, il nous fit passer par les plus affreux faubourgs de la ville et s'arrêta enfin devant une construction abandonnée dans laquelle une sorcière elle-même ne se serait pas sentie à l'aise.

— Voilà, dit-il. Nous y sommes. Tout le monde descend.

— C'est une plaisanterie, n'est-ce pas, mon ami ? demanda Maman.

— Pourquoi ? Elle ne te plaît pas ?

Maman reprit doucement :

— Si c'est la maison que tu désires, mon ami, c'est parfait.

Mais Ernestine s'écria :

— C'est un taudis, voilà ce que c'est !

— Personne ne vous demande votre avis, Mademoiselle, répliqua Papa. Je parlais avec votre mère et je vous serais obligé de ne pas vous mêler à la conversation.

— Tu peux la garder, ta maison !

Ernestine savait bien qu'elle s'aventurait sur un terrain glissant, mais elle était hors d'elle-même et s'en moquait.

— Tu peux la garder ! Je n'y toucherais pas avec des pincettes !

— Ni moi, renchérit Martha. Pas même en tenant les pincettes avec des gants !

— Chut, chut, murmura Maman, Papa sait mieux que nous ce qu'il nous faut.

Et comme Lill éclatait en sanglots, elle ajouta gaiement :

— Avec une couche de peinture et quelques planches pour boucher les trous, ce ne sera pas si mal que ça !

Papa commençait à sourire. Il fouilla dans sa poche pour prendre son calepin,

— Nom d'un chien, mes enfants, attendez une seconde, je me suis trompé d'adresse ! Rembarquez-vous. Je me disais bien que cette maison avait l'air plus délabré que lorsque je l'avais vue la dernière fois !

Et il nous mena au numéro 68 de Eagle Rock Way qui était une vieille mais belle maison de style Taj Mahal, avec quatorze pièces, une grange à deux étages, une serre, un poulailler, une vigne, des rosiers et deux douzaines d'arbres fruitiers.

Nous pensâmes d'abord que c'était une nouvelle taquinerie de Papa et que, cette fois, la maison était beaucoup trop belle !

— Non, non, c'est bien là, nous dit-il. Si je vous ai conduits d'abord devant l'autre maison et si je ne vous ai pas décrit celle-ci d'avance, c'est que... je ne voulais pas que vous ayez une déception. Vous me pardonnez ?

Nous lui dîmes que oui.

*

Papa avait acheté l'automobile avant notre déménagement. C'était notre première voiture, et les autos, à l'époque, étaient encore une nouveauté. Naturellement, il nous en avait fait la surprise. Il nous avait emmenés pour une promenade et avait fini par nous conduire à un garage où la voiture était parquée.

Quoique Papa gagnât sa vie à perfectionner des machines extrêmement compliquées et à réduire le nombre de mouvements qu'il fallait exécuter pour qu'elles marchassent, il ne comprit jamais réellement le mécanisme de sa propre voiture. C'était une grande Pierce Arrow grise, munie de deux trompes et d'un klaxon électrique que Papa essayait de faire marcher en même temps quand il voulait « gratter » une autre voiture. Le capot était long et carré du bout, et il fallait le relever pour amorcer l'essence, le matin, s'il faisait froid.

Papa avait vu cette voiture à l'usine. Il avait eu le coup de foudre. Mais c'était un amour unilatéral et peu payé de retour. Il l'avait baptisée « Foolish Carriage », parce que, disait-il, c'était une folie pour un homme qui avait autant d'enfants d'assumer les frais d'un véhicule sans chevaux.

L'engin regimbait quand Papa tournait la manivelle, lui crachait de l'huile à la figure quand il examinait ses entrailles, grinçait des dents quand il tirait les freins et grondait sinistrement à chaque changement de vitesse. Il arrivait que Papa crachât, grinçât des dents et grondât en retour, mais il n'avait jamais le dernier mot.

A vrai dire, il ne conduisait pas bien du tout. Mais il conduisait vite. Nous étions tous terrifiés, surtout Maman. Elle occupait toujours le siège avant, à côté de lui, avec les deux plus petits sur les genoux, et passait son temps à attraper le bras de Papa ou à fermer les yeux d'angoisse. A chaque tournant, elle essayait de faire un bouclier de son corps aux bébés pour les protéger de ce qu'elle imaginait devoir être la mutilation ou la mort.

— Pas si vite, Frank, pas si vite, murmurait-elle les dents serrées.

Mais Papa ne faisait pas mine d'entendre.

La conduite de « Foolish Carriage » était à droite. Aussi, celui qui occupait, sur le siège avant, la place à la gauche de Maman et des nourrissons, avait pour mission de surveiller la route et de prévenir Papa quand il pouvait doubler un véhicule.

— Tu peux y aller, criait-il.

— Fais signe avec la main, hurlait Papa.

Onze mains, — tout le monde s'y mettant excepté Maman et le bébé, — jaillissaient aussitôt sur les deux côtés de la voiture, de la banquette avant, de la banquette arrière et des strapontins entre les deux. Nous avions vu Papa cabosser les garde-boue, assassiner des poulets, régler leur compte aux agents de la circulation et mettre bas des arbres d'âge respectable. Nous ne voulions prendre aucun risque.

C'était lui qui avait eu l'idée d'avoir un observateur à l'avant. Mais les autres mesures de sécurité, que nous instaurâmes rapidement, le furent de notre propre initiative.

Quelqu'un était désigné pour surveiller les voitures qui pouvaient déboucher des rues sur la gauche, un autre pour celles débouchant de la droite. Un autre enfin, agenouillé sur le siège arrière, guettait la route à travers le mica du hublot.

— Une voiture sur la gauche, Papa.

— Deux sur la droite.

— Une motocyclette signalée par l'arrière.

— Je les vois, je les vois, disait Papa d'un ton vexé, mais en réalité il n'avait rien vu. N'avez-vous donc aucune confiance en votre père ?

Il avait un goût particulier pour le klaxon électrique, instrument assourdissant qui mugissait : « Ka-dou-kah » d'une voix de baryton redoutable et métallique. Comment Papa pouvait l'actionner, lui et les deux trompes, donner les gaz, manœuvrer le volant, crier : « En avant, en avant ! » et fumer son cigare, — tout cela en même temps, — c'est un hommage à rendre à ses capacités d'expert en « étude du mouvement » !

Peu après l'achat de la voiture, il nous mena auprès d'elle l'un après l'autre, souleva le capot et nous dit de regarder à l'intérieur pour voir si nous découvrions le petit oiseau qui était dans le moteur. Pendant que nous nous baissions, le dos tourné, il grimpait au volant sur la pointe des pieds et appuyait sur le klaxon.

— Ka-dou-kah, ka-dou-kah !

Le rugissement nous éclatait dans l'oreille et nous faisait sauter d'effroi. Papa en avait les larmes aux yeux de rire.

— As-tu vu le petit oiseau ?... Ah ! Ah ! hoquetait-il.

Je parie que tu as sauté de six pouces et neuf dixièmes... Ah ! Ah !...

Un jour, alors que nous revenions d'un pique-nique particulièrement fatigant, le moteur se mit à aboyer, à tousser, à cracher et s'arrêta.

Papa transpirait et mourait de sommeil. Nous l'avions énervé, il nous fit descendre de la voiture qui était surchauffée et fumait. Il dut se battre avec la banquette arrière pour prendre le sac à outils qui était coincé et le sortit à coups de pieds. Il ôta sa veste, remonta ses manches et souleva le volet gauche du capot.

Il était rare que Papa jurât. S'il le faisait, c'était tout à fait exceptionnel, car il croyait à la vertu du bon exemple et voulait le donner. Habituellement il se contentait d'un « sapristi » ou d'un « nom d'une pipe ». Mais à cette minute-là il les faisait se succéder l'un l'autre avec une rapidité qui avait quelque chose d'effrayant.

Sa tête et ses épaules avaient disparu à l'intérieur du capot. Nous voyions sa chemise trempée qui lui collait au dos. Personne ne faisait attention à Bill. Il s'était faufilé jusqu'au siège avant.

Et soudain :

— Kadoukah... Ka-dou-kah...

Papa sauta si fort qu'il bascula littéralement dans le moteur. On ne voyait plus que ses pieds qui s'agitaient en l'air. Sa tête avait cogné le toit du capot et son poignet droit le tuyau du radiateur chauffé au rouge. On put entendre la chair grésiller.

Enfin, il finit par se dégager, se frotta la tête en se barbouillant le front de cambouis, souffla sur son poignet brûlé. Il était livide.

— Nom de... ! hurla-t-il comme s'il avait réservé ce juron depuis le jour de son mariage spécialement pour cette occasion. Sacré nom de... ! Qu'est-ce qui a fait ça ?

— Bonté divine ! dit Maman, ce qui était pour elle employer le pire gros mot qu'elle eût jamais dit.

Bill, dont les six ans frôlaient toujours les catastrophes, fut le seul à avoir le courage de rire. Mais d'un rire un peu nerveux malgré tout.

— As-tu vu le petit oiseau, Papa ? demanda-t-il.

Papa l'attrapa et Bill cessa de rire.

— Je t'ai fait une bonne plaisanterie, hein ? dit-il avec espoir.

Mais sa voix n'était pas très rassurée.

— Il y a un temps et une place pour les petits oiseaux, siffla Papa entre ses dents. Et il y a un temps et une place pour les fessées !

Bill voulait retarder l'échéance.

— Je parie que tu as sauté de six pouces et neuf dixièmes, Papa, dit-il encore.

Papa s'adoucit et le lâcha.

— Nom d'une pipe, Billy, tu as raison ! dit-il. C'est une fameuse plaisanterie, et j'ai dû en effet sauter de six pouces et neuf dixièmes...

Papa comprenait la plaisanterie, c'est entendu. Mais il la comprenait mieux six mois après que sur le moment. L'histoire de Bill et du petit oiseau devint une de ses histoires favorites. Et personne n'a jamais ri aussi fort que lui quand il la racontait. Personne, si ce n'est Bill !

III
Orphelins en uniformes

Quand Papa avait décidé d'emmener la famille faire une promenade dans la Pierce Arrow, il sifflait le rassemblement.

— Qui veut faire un tour en voiture ? demandait-il.

La question était de pure rhétorique. Quand Papa se promenait, tout le monde se promenait. Aussi répondions-nous avec ensemble que ce serait très amusant.

C'était presque vrai, d'ailleurs. Quoique la manière de conduire de Papa fût grosse de périls, il y avait une étrange fascination dans ses escarmouches avec la mort et les scènes dramatiques qui perturbaient la circulation. C'était un genre d'événement que l'on n'au-

rait jamais pris l'initiative de provoquer soi-même, mais que l'on ne voulait manquer pour rien au monde : quelque chose comme se tenir en équilibre sur une roue, monter sur la scène quand un prestidigitateur demande un volontaire ou faire, du haut d'un plongeoir, un saut périlleux en arrière.

Une promenade en auto, c'était aussi une occasion

d'être avec Papa et Maman. Même, si vous aviez de la veine, d'être assis auprès d'eux sur le siège avant. Nous étions si nombreux et eux si peu que nous ne pouvions jamais arriver à profiter d'eux autant que nous l'aurions voulu. Aussi changions-nous de place toutes les heures afin que chacun eût son tour.

Papa nous disait de nous préparer pendant qu'il amènerait la voiture devant la porte. Cela lui semblait tout naturel, car il ne pouvait lui venir en pensée que « Foolish Carriage » n'aurait pas envie, elle, de venir devant la porte. Papa était un optimiste perpétuel, tenant pour assuré que le cerveau triompherait un jour de l'acier inanimé et confirmé dans sa foi parce qu'il entrait dans la bataille les mains nettes et le cœur pur.

Pendant que des bruits sourds et des pétarades diaboliques s'échappaient du garage, la maison entière devenait la proie d'un désordre organisé : la famille se préparait selon le plan prévu. On eût dit la rédaction d'un journal un soir d'élection, un quartier général la veille du jour J.

Être prêt, cela signifiait avoir les mains et la figure lavées, les souliers brossés, les cheveux peignés et des vêtements propres. Il n'eût pas été prudent d'être en retard, si Papa arrivait quand même à amener l'auto devant la porte, mais il n'eût pas été prudent non plus de ne pas être propre, parce qu'il passait l'inspection.

Outre la responsabilité de soi-même, chaque aîné avait la responsabilité d'un plus jeune. Anne s'occupait de Dan, Ern de Jack et Mart de Bob. Non seulement pour les promenades, mais tout le temps. La sœur aînée devait veiller à ce que celui dont elle avait la charge fût habillé le matin, à ce qu'il eût fait son lit, changé de vêtements si ceux de la veille étaient sales, à ce qu'il fût prêt à l'heure pour les repas et à ce qu'il eût dûment signé le tableau de travail.

Anne, la plus vieille de tous, était également responsable du comportement et de l'aspect général de la troupe. Maman naturellement prenait soin du bébé,

Jane. Les intermédiaires, Frank, Bill, Lill et Fred, étaient jugés assez grands pour s'occuper d'eux-mêmes, mais pas assez pour s'occuper d'un autre. Papa, question de commodité (la sienne), s'était rangé dans la catégorie intermédiaire.

En dernier ressort, la véritable responsable de la bonne marche de tout le système était Maman. Elle ne grondait jamais, elle ne haussait jamais la voix et ne s'énervait jamais. Elle ne levait jamais la main sur aucun de ses enfants, — ni sur personne d'ailleurs. Maman était psychologue, et obtenait souvent de meilleurs résultats que Papa. Mais elle n'était pas pour les punitions. Et si c'était toujours Papa et jamais Maman qui suggérait une promenade en automobile, c'est qu'elle avait ses raisons.

Maman passait de chambre en chambre, apaisant les bagarres, séchant les larmes, boutonnant les vestes.

— Maman, il m'a pris ma chemise, fais-la lui rendre !

— Maman, est-ce que je pourrai m'asseoir devant avec toi ? Je ne suis *jamais* assis devant.

Quand nous étions enfin tous rassemblés, les filles en cache-poussière, les garçons en complets de toile, Maman faisait l'appel. Anne, Ernestine, Marthe, Frank, etc.

Nous proclamions que cet appel était une perte de temps et de mouvements. Et il n'y avait pas de plus grand péché à la maison que de gâcher le temps et les mouvements. Mais Papa avait au vif de sa mémoire deux souvenirs d'enfants laissés en arrière par mégarde.

La première fois, c'était à Hoboken, à bord du transatlantique *Léviathan*. Papa nous avait fait visiter le bateau avant qu'il levât l'ancre, et il avait négligé de compter ses têtes en redescendant sur le quai. La passerelle était déjà retirée quand il s'était aperçu que Dan manquait. Et le départ du *Léviathan* avait été retardé de vingt minutes, jusqu'à ce qu'on eût retrouvé Dan endormi dans un fauteuil, sur le pont-promenade.

La seconde fois avait été plus inquiétante. Nous allions par la route de Montclair à New-Bedford, dans le Massachusetts, et l'on avait oublié Frank par erreur dans un restaurant de New London. Son absence ne fut découverte que presque à la fin du voyage.

Papa fit faire à la voiture un tête-à-queue frénétique et roula à tombeau ouvert jusqu'à New London, au mépris de toutes les ordonnances du code de la route. Le restaurant où nous nous étions arrêtés pour déjeuner nous avait paru respectable. Il faisait nuit quand nous y arrivâmes de nouveau. Il était éclairé par des lumières un peu trop voyantes.

Papa nous laissa dans la voiture et entra ; après sa longue course dans l'ombre, l'éclat des lampes l'aveuglait un peu, mais il se précipita vers les logettes abritant les tables pour les explorer.

Une charmante jeune personne en quête de travail buvait du whisky dans la seconde.

Papa la regarda, un peu sidéré.

— Eh ! bien, poupée ? lui dit-elle. Ne sois pas timide. Est-ce une méchante petite fille que tu cherches ?

Papa n'était pas sur ses gardes.

— Ciel, non ! bégaya-t-il perdant du coup toute son assurance habituelle. Je cherche un méchant petit garçon !

—Oh ! là là, chéri, excuse-*moi* !

Nous avions tous reçu la consigne, si nous étions perdus, de rester où nous étions et Frank était tranquillement dans la cuisine en train de manger un ice-cream avec la fille du propriétaire.

Ces deux expériences expliquent pourquoi Papa exigeait toujours qu'on fît l'appel avant de partir.

Nous nous tenions donc en rang devant la maison et Papa nous examinait soigneusement.

— Êtes-vous tous en bon état ? demandait-il.

Puis il descendait, aidait Maman et les deux bébés à s'installer à côté de lui. Il choisissait celui d'entre nous qui avait été le plus sage et lui permettait de s'asseoir aussi sur le siège avant, en qualité d'observateur pour le côté gauche. Le reste s'empilait derrière, à grand renfort de coups de pieds et de pinçons, chacun se démenant comme un beau diable pour se faire de la place.

Enfin, nous partions.

Maman, les deux bébés sur les genoux, étincelait d'animation, ses cheveux roux, relevés à la Pompadour, commençant à s'échapper de dessous son chapeau comme des épis. Aussi longtemps que nous étions en ville et que Papa ne conduisait pas trop vite, elle semblait vraiment goûter la promenade. Elle écoutait Papa, causait avec lui, ce qui ne l'empêchait pas de tendre l'oreille aux bruits qui se produisaient dans son dos pour s'assurer que tout s'y passait correctement.

Elle avait de quoi s'inquiéter, d'ailleurs, car plus nous étions resserrés dans un petit espace, plus nous faisions de boucan ! A la fin, Papa lui-même ne pouvait plus tenir :

— Qu'est-ce qui se passe donc là derrière ? demandait-il à Anne. Je croyais que je vous avais dit de vous tenir tranquilles !

— Il y faudrait l'intervention divine, répliquait Anne aigrement.

— Vous vous imaginez peut-être que le Bon Dieu va intervenir si vous n'êtes pas sages ? Je vous ai dit de rester tranquilles, et ça suffit.

— Je suis en train d'essayer de le leur faire comprendre, Papa. Mais personne ne m'écoute.

— Je ne veux pas d'excuses, je veux de l'ordre. Tu es l'aînée. A partir de maintenant, que je n'entende plus un seul bruit derrière moi. Ou nous rentrons tous à la maison.

A ce moment-là, la plupart d'entre nous l'auraient bien voulu, mais personne n'osait le dire.

L'effervescence se calmait pour un instant. Anne elle-même se détendait, oubliait sa responsabilité d'aînée. Mais les escarmouches n'étaient pas longues à se rallumer et les pinçons et les coups de pieds à refleurir.

— Vas-tu finir, Ernestine, petit serpent ! sifflait Anne entre ses dents.

— Tu prends toute la place, répliquait Ernestine. Pousse-toi donc un peu. Je voudrais que tu sois restée à la maison.

— Pas à moitié autant que moi !

Anne mettait tout son cœur dans cette réponse. Et c'était en de telles occasions qu'elle eût préféré n'être encore qu'une enfant !

Nous voir passer ainsi, tous ensemble, capote découverte, constituait un vrai spectacle. Nous provoquions, à travers les villes et les villages, une agitation comparable à celle d'une parade de cirque ambulant.

C'était d'ailleurs ce qui faisait le plus de plaisir à Papa. Il ralentissait jusqu'à dix à l'heure et cornait pour des obstacles imaginaires ou pour des voitures qui étaient encore à deux cents mètres ; corner, c'était son péché !

— J'en vois onze, sans compter l'homme et la femme, s'écriait quelqu'un au bord du trottoir.

Et Papa de lancer par-dessus son épaule !

— Vous oubliez le deuxième bébé qui est là sur le devant, monsieur.

Maman aurait voulu faire croire qu'elle n'avait rien entendu, et regardait droit devant elle.

Les passants accouraient des rues transversales et les enfants demandaient à leurs parents de les prendre sur leurs épaules.

— D'où sortez-vous tous ces petits rouquins, le frère ?

— Ceux-ci ? hurlait Papa. Mais il n'y en a pas tellement, l'ami. Ce qu'il faut voir, c'est ceux que j'ai laissés à la maison !

Chaque fois que nous étions stoppés à un carrefour populeux par un arrêt du trafic, la question inévitable jaillissait à un moment donné :

— Comment faites-vous pour nourrir tous ces gosses, monsieur ?

Papa avait l'air de réfléchir, puis se redressant pour qu'on puisse l'entendre de plus loin, il s'écriait comme si l'idée venait juste de lui en venir :

— Ça revient moins cher à la douzaine, vous savez !

La réponse était destinée à faire éclater de rire la foule, et, régulièrement, elle n'y manquait pas. Papa, qui avait le sens du théâtre, s'arrangeait toujours pour que la scène se déroulât au moment du signal de libre passage. Et, pendant que les indigènes s'esclaffaient, la Pierce Arrow s'élançait au milieu d'un nuage de fumée et d'un tintamarre de trompes et de klaxons.

Papa se servait de son « moins cher à la douzaine » toutes les fois que nous nous arrêtions à une barrière de péage, que nous allions au cinéma, ou que nous prenions un train ou un bateau.

— Est-ce que mes petits Irlandais ne paient pas moins cher à la douzaine ? demandait-il à l'employé.

Il suffisait d'un coup d'œil à Papa pour reconnaître la nationalité de celui qui était en face de lui.

— Des Irlandais, bien sûr, j'aurais dû le deviner ! Que Dieu vous bénisse ! Il n'y a qu'en Irlande qu'on puisse voir une pareille portée de petits rouquins ! Le Bon Dieu ne voudrait pas qu'une famille comme la vôtre paye pour passer sur ma route ! Allez... Allez...

— S'il savait que tu es écossais, disait ma mère en riant, il prendrait un bâton pour casser ta caboche de vieux grippe-sou !

— D'accord, d'accord... répondait Papa.

Un autre jour, c'était au cirque.

— Mes petits Hollandais paient-ils moins cher à la douzaine ? demanda Papa.

— Des Hollandais ! Et quel joli lot de petits Hollandais !

— Est-ce que vous connaissez l'histoire du père d'une famille nombreuse qui amenait ses enfants au cirque ? poursuivit Papa. « Mes gosses ont envie de voir vos éléphants », dit le père. « Ça va bien, répondit l'homme des billets, mes éléphants ont envie de voir vos gosses. »

— Je l'ai déjà entendue, dit l'employé, souvent, même. Passez donc par l'entrée, là-bas, où il n'y a pas de tourniquet...

Maman ne sortit de ses gonds qu'une fois à l'occasion des facéties de Papa quand nous roulions dans « Foolish Carriage ». Ce fut à Hartford, dans le Connecticut, en plein centre de la ville.

Nous étions arrêtés à un barrage, et la foule habituelle commençait à faire cercle autour de nous. Nous entendîmes nettement ce que disait une grosse dame :

— Regardez donc ces pauvres, ces adorables petits ! Ne sont-ils pas charmants dans leur uniforme ?

Papa était tout disposé à jouer un nouveau personnage, celui du bon surveillant qui fait faire une promenade aux malheureux orphelins.

— Dieu nous ait en pitié ! commença-t-il d'une voix retentissante et joviale. Dieu bénisse...

Ce fut alors que Maman explosa.

— Ça, dit-elle, c'est l'ultime goutte. Positivement et formellement l'ultime.

C'était tellement inattendu que Papa s'effara.

— Qu'est-ce qu'il y a, Lillie ? demanda-t-il vivement.

— Non pas la pénultième ni l'antépénultième, continua Maman, mais l'ultime !

— Qu'as-tu, Lillie ? Réponds-moi.

— Le vase déborde... On vient de nous prendre pour un orphelinat !

— Oh ! c'est ça ? Bien sûr, c'est crevant !

— Non, dit Maman, ce n'est pas crevant !

Anne pleurait presque.

— Ce sont ces cache-poussière... Ils ont tout à fait l'air d'un uniforme !

— Vraiment, Papa, ajouta Ernestine, c'est tellement gênant que tu provoques toujours des scènes quand nous nous promenons...

La foule était de plus en plus nombreuse.

— Il me semble, dit Martha, que je suis Lady Godiva[1].

Papa commença à être secoué de rire, et la foule l'imita.

— Elle est bien bonne ! cria quelqu'un. Lady Godiva ! Tu l'as dit, ma fille, Lady Godiva.

Les garçons s'en mêlèrent. Bill s'assit sur le dossier du siège arrière, comme s'il était un héros que la populace acclame. Il agitait son chapeau et saluait gracieusement de droite et de gauche, un sourire stéréotypé sur le visage. Frank et Fred dégageaient leurs épaules et leurs têtes de serpentins imaginaires. Les filles, écarlates, avaient plongé dans l'intérieur de la voiture.

— Descends de là, Bill, dit Maman.

Papa riait toujours.

— Je ne vous comprends pas, les filles ! C'est bien la chose la plus drôle que j'aie vue de ma vie. Un orphelinat à roulettes ! Et moi, le surveillant ! La maison de retraite Gilbreth pour rejetons poils de carotte des Mauvais Garçons célibataires mais repentants !

— Pas d'humour, dit Maman, partons d'ici.

Arrivé aux faubourgs de Hartford, Papa était calmé et un peu honteux, peut-être même un peu effrayé.

— Je n'avais aucune mauvaise intention. Lillie, murmura-t-il.

— Naturellement, mon ami, dit Maman. Cela n'a aucune importance.

Mais Ernestine n'était pas de nature à ne pas profiter d'un avantage.

— En tout cas, proclama-t-elle du fond de la voiture, finis les cache-poussière ! Nous ne les remettrons plus. « Jamais plus », dit le corbeau. Et je dis « jamais plus », et je le redis.

Papa acceptait de Maman ce qu'il ne pouvait accepter de ses filles.

1. Au XIᵉ siècle, Lady Godiva, femme du comte de Mercia, pour faire exempter d'un lourd impôt la ville de Coventry, traversa la cité nue sur un cheval.

— Qui dit finis les cache-poussière ? gronda-t-il. Les cache-poussière coûtent beaucoup d'argent et l'argent ne pousse pas sur les arbres. Si vous vous imaginez...

Maman l'interrompit.

— Non, Frank. Cette fois-ci, les filles ont raison. Plus de cache-poussière.

C'était une chose rare qu'ils ne fussent pas d'accord, et nous ne voulions rien perdre de l'occasion.

Mais Papa sourit.

— Très bien, Lillie. Comme je le dis toujours : c'est toi la patronne. Et je le redis, moi aussi !

IV
Visites à Mrs. Murphy

La signalisation des routes laissait à désirer à cette époque-là, et Papa, d'ailleurs, ne croyait jamais les poteaux indicateurs.

— C'est certainement un gamin qui a déplacé ces flèches, avait-il coutume de dire, probablement parce qu'il se souvenait de sa propre enfance. Je crois que, si nous tournions dans la direction indiquée, nous serions directement ramenés à notre point de départ.

La même chose se produisait avec le Guide Bleu, qui était la bible des premiers jours de l'automobile.

Maman le consultait pour Papa.

— Six cents mètres après le moulin à vent, laissez à gauche l'église en briques et suivez la route pavée.

— Ce doit être un autre moulin, prétendait Papa. On ne dit pas quand le type qui a écrit ce livre est venu reconnaître le chemin. Ma bosse de l'orientation me conseille de tourner à droite. On a dû démolir le moulin dont il est question.

Après quoi il tournait à droite, se perdait et reprochait à Maman de lui avoir donné de fausses indications. Puis il demandait à Anne de venir sur le siège avant et de lui lire ce qui était écrit dans le guide.

— Maman n'a pas le sens de la direction, disait-il bien haut, lançant un coup d'œil à Maman par-dessus son pince-nez. Elle me dit de tourner à gauche quand le guide indique de tourner à droite. Ensuite elle m'accuse si nous nous perdons ! Lis-moi exactement ce qui est écrit. Ne change pas un seul mot, hein ? Et pas de mise en scène avec des moulins à vent qui n'existent pas ou des églises en briques imaginaires ! Lis exactement ce qu'il y a.

Tout cela était très bien, mais Papa ne suivait pas plus les indications d'Anne que celles de Maman et il se perdait de la même façon.

Quand la situation était devenue définitivement sans espoir, il se résolvait à demander le chemin dans une boutique ou une station d'essence. Il écoutait et ne manquait pas de prendre la direction opposée à celle qu'on lui avait désignée.

— Vieil imbécile ! murmurait-il. Il a vécu toute sa vie à dix kilomètres de Trenton, et il ne sait même pas la route à prendre pour y aller ! Un peu plus, il me renvoyait à New York.

Maman était pleine de philosophie. Quand elle estimait que Papa était irrémédiablement égaré, elle ouvrait un petit frigidaire portatif qu'elle gardait à ses pieds sous la banquette et donnait son biberon à Jane. C'était sa façon d'avertir qu'il était l'heure de déjeuner.

— Compris, Lillie, disait Papa. Je crois que nous ferions aussi bien de nous arrêter et de manger. Pendant ce temps j'examinerai notre position. Tu as choisi un bon coin pour pique-niquer.

Pendant le repas, Papa regardait autour de lui, cherchant ce qui pouvait être intéressant. C'était un professeur-né et il trouvait qu'il ne fallait jamais gaspiller une minute. Manger, disait-il, était une « perte de temps inévitable ».

Apercevait-il, par exemple, une fourmilière, il nous racontait que certaines colonies de fourmis ont des esclaves et des troupeaux de vaches. Nous étions invités à nous étendre sur le ventre à tour de rôle et à observer le va-et-vient des fourmis emportant des miettes de sandwiches.

— Regardez, elles travaillent toutes et elles ne perdent rien, nous expliquait-il, et vous pouviez penser que les fourmis étaient ses créatures favorites. Remarquez le travail en équipe, et comment quatre d'entre elles essaient de transporter ce bout de viande. Voilà une bonne étude du mouvement pour vous.

Ou bien il nous montrait un mur de pierre naturel, nous le donnant comme le modèle de l'art de l'ingénieur, et nous racontait comment les glaciers avaient jadis recouvert la terre et laissé la pierre en fondant.

S'il y avait une usine dans les environs, il nous expliquait de quelle manière on utilise un fil à plomb pour que les cheminées soient droites et pourquoi les fenêtres avaient été placées à certains endroits afin de laisser entrer le maximum de lumière. Quand la sirène de l'usine retentissait, il sortait son chronomètre et calculait le temps écoulé entre le moment où la vapeur apparaissait et celui où nous entendions le son.

— Prenez vos carnets et vos crayons, disait-il, je vais vous apprendre comment on calcule la vitesse du son.

Papa insistait pour que nous apprissions sans cesse à voir et à entendre.

— Regardez là, disait-il. Qu'est-ce que vous voyez ? Oui, je sais bien que c'est un arbre. Mais examinez-le. Étudiez-le. Qu'est-ce que vous *voyez* ?

Pourtant c'était Maman qui savait donner à ses histoires un tour tel que les choses qu'elle nous disait devenaient inoubliables. Si Papa trouvait l'occasion d'une étude du mouvement et de l'application du tra-

34

vail en équipe dans une fourmilière, Maman y découvrait l'image d'une société hautement civilisée, gouvernée sans doute par une vieille grosse reine qui avait un millier d'esclaves pour lui porter son petit déjeuner au lit chaque matin. Si Papa s'arrêtait pour nous expliquer la construction d'un pont, c'était elle qui découvrait l'ouvrier vêtu de son « bleu », juché au haut de son échafaudage pour manger son déjeuner. C'était elle qui nous faisait sentir la hauteur vertigineuse de la construction et la petitesse extrême des hommes qui l'avaient élevée. Si Papa nous faisait observer un arbre noueux et courbé, c'était Maman qui nous faisait comprendre comment le vent, battant interminablement le tronc au cours des années, lui avait infligé sa marque inexorable.

Nous écoutions, gravant chaque mot dans notre mémoire, et Papa regardait Maman comme s'il était sûr d'avoir épousé la plus merveilleuse créature du monde.

Avant de quitter l'endroit où nous avions piqueniqué, Papa exigeait que tous les papiers qui avaient enveloppé les sandwiches et tous les débris du repas fussent soigneusement ramassés, rangés dans le panier à provisions et rapportés à la maison.

— S'il y a une chose que je ne peux pas supporter, disait-il, c'est un campeur qui fait des saletés. Nous ne devons pas laisser un seul détritus sur ce terrain qui est à tout le monde. N'abandonnons pas la moindre épluchure de pomme !

Cette question des pelures de pommes était particulièrement délicate. Nombre d'entre nous aimaient manger les pommes sans leur peau, mais Papa estimait que c'était de la prodigalité. Lorsqu'il mangeait une pomme, il absorbait la peau, les pépins et le trognon, prétendant que c'était ce qu'il y avait de meilleur et la partie du fruit la plus utile pour la santé. Au lieu de mordre dans la pomme sur le côté et de tourner autour de son équateur, il l'attaquait par le pôle Nord et continuait tout droit jusqu'au pôle Sud.

Il ne nous défendait pas positivement de peler nos pommes et de jeter le trognon, mais il faisait en sorte de nous laisser voir qu'il avait remarqué ce que nous faisions.

Quelquefois, afin d'être sûr que nous ne laissions rien derrière nous, il nous faisait mettre en ligne, comme une compagnie de soldats, et traverser le terrain du pique-nique. Chacun de nous avait mission de ramasser ce qu'il trouverait dans l'espace qui lui était dévolu. Le résultat était que souvent nous ramenions à la maison les ordures des innombrables pique-niqueurs qui nous avaient précédés.

— Je ne peux pas arriver à comprendre comment vous faites autant de saletés, mes enfants, nous disait-il en grimaçant, tandis qu'il bourrait notre panier de vieux papiers, de bouteilles et de boîtes de conserves rouillées.

— Ce ne sont pas *nos* saletés, Papa, vous le savez aussi bien que nous. Qu'est-ce que nous aurions pu faire de ces bouteilles de whisky et de ce numéro de l'année dernière du journal d'Hartford ?

*

Ni Papa ni Maman ne trouvaient qu'il fût sain d'utiliser les « toilettes » des stations d'essence. Ils ne s'expliquaient jamais sur le genre exact des maladies qu'on pouvait y attraper, mais il était évident qu'elles étaient à la fois contagieuses et terribles dans leurs effets. En comparaison, la lèpre n'eût pas été plus grave qu'un rhume de cerveau. Papa tournait toujours le bouton de la porte d'un W.C. public à travers la basque de sa veste et les précautions et préparatifs qui s'ensuivaient étaient une « perte de temps inévitable » de la pire qualité.

Puisque Papa et Maman avaient écarté toute possibilité d'utiliser les postes d'essence, le seul endroit qui nous restât était les bois. Était-ce la tension nerveuse provoquée par la façon de conduire de Papa ? Ou seulement parce que quatorze personnes réunies avaient chacune leurs petites habitudes ? Le fait est que le moindre boqueteau nous sollicitait !

— Je connais des chiens qui sont moins attirés par les arbres ! soupirait Papa.

Par délicatesse, il avait inventé deux formules qui signifiaient qu'on voulait s'égarer dans les bois. L'une était : « Aller voir Mrs. Murphy », l'autre : « Vérifier les pneus arrière ». Elles avaient le même sens.

Après un pique-nique, Papa ne manquait pas de demander :

— Qui veut aller voir Mrs. Murphy ?

Naturellement, personne n'en avait envie. Mais moins de vingt kilomètres après, l'un de nous demandait toujours qu'on s'arrêtât. Alors, Maman emmenait les filles d'un côté de la route et Papa les garçons de l'autre.

— Je connais chaque échantillon de la flore et de la faune de Bangor à Washington ! s'écriait-il amèrement.

Sur le chemin du retour, quand il faisait sombre, Bill se glissait souvent sur un strapontin juste derrière Papa. À chaque tournant, il se penchait en avant et lui attrapait le bras. Il avait un don d'imitation extraordinaire et il prenait la voix de Maman pour murmurer :

— Pas si vite, Frank, pas si vite.

Papa pensait que c'était Maman et faisait semblant de ne pas entendre.

Quelquefois, Bill le faisait alors que la voiture se traînait dignement à trente à l'heure et Papa finissait par se retourner vers Maman avec agacement.

— Pour l'amour du ciel, Lillie, je ne fais que du vingt !

Automatiquement, il diminuait la vitesse de dix kilomètres quand il discutait avec Maman.

— Mais je n'ai pas ouvert la bouche, Frank, disait Maman.

Papa se retournait complètement et nous surprenait en train de pouffer dans nos mouchoirs. Alors, il donnait une tape à Bill et lui ébouriffait les cheveux. Au fond, il était très fier des imitations de son fils. Il disait volontiers que, lorsque Bill imitait un oiseau, lui-même (Papa) n'osait pas lever les yeux, de peur qu'il s'envolât.

Souvent, quand nous roulions, nous chantions à trois ou quatre voix et Papa et Maman nous accompagnaient, elle en soprano, lui en basse-taille. Les vieux airs populaires se succédaient.

— Qu'est-ce que des enfants ne peuvent pas faire à eux tout seuls ! pensions-nous.

Papa se renversait sur le dossier du siège et mettait son chapeau de travers. Maman se blottissait contre lui comme si elle avait froid. Les bébés s'étaient endormis. Maman se tournait vers nous entre deux chansons, et nous disait :

— Voilà le plus heureux moment du monde.

Et peut-être était-ce vrai.

V
Monsieur le Président

Papa était né à Fairfield, dans le Maine, où son père dirigeait un magasin, une ferme et un élevage de chevaux pour les courses attelées. John Hiram Gilbreth était mort en 1871, laissant un fils de trois ans, deux filles plus âgées et une veuve austère et solide comme un roc.

La mère de Papa, grand-maman Gilbreth, était

convaincue que ses enfants occuperaient une place importante dans le monde et que son premier devoir était de leur donner une éducation qui les mît à même de ne pas manquer leur rendez-vous avec la destinée.

— Après, disait-elle à ses voisins de Fairfield d'un air entendu, le sang parlera.

Ses obligations d'affaires ne la retenaient pas dans le Maine. Elle partit pour le Massachusetts, à Andover, afin que ses filles pussent entrer à l'académie Abbott. Plus tard, quand sa fille aînée témoigna d'un talent spécial pour la musique, elle décida de se déplacer encore. N'importe qui en Nouvelle-Angleterre savait où se tenait le siège de la culture universelle, et ce fut à Boston qu'elle mena son troupeau.

Papa désirait plus que tout devenir ingénieur industriel et sa mère projetait de le faire entrer à l'Institut technique du Massachusetts. Mais au moment qu'il finit ses études secondaires, il jugea que ce serait une trop lourde charge pour les finances familiales et qui risquait de compromettre les études de ses sœurs. Sans consulter sa mère, il prit un emploi d'aide-maçon.

Devant le fait accompli, grand-maman Gilbreth décida d'en tirer le meilleur parti possible. Après tout, Mr. Lincoln avait commencé en fendant des planches !

— Si tu dois être apprenti maçon, dit-elle à son fils, pour l'amour du ciel sois un bon apprenti maçon.

— Je ferai de mon mieux, répondit Papa en souriant, pour trouver un bon maçon à aider !

Mais si grand-maman pensait que Papa serait un bon apprenti, son contremaître, lui, pensait que c'était le pire qu'il eût rencontré en quarante ans de métier.

Durant sa première semaine de travail, Papa suggéra tant de moyens nouveaux pour poser les briques plus vite et mieux qu'on ne le faisait, que le contremaître le menaça de le mettre à la porte.

— Vous êtes ici pour apprendre, lui disait-il avec ironie. N'essayez donc pas de nous donner des leçons !

D'aussi subtiles insinuations ne troublaient jamais

Papa. Il avait déjà compris que l'étude du mouvement serait son élément et il avait découvert quelque chose qui n'avait apparemment jamais éveillé jusque-là l'attention des entrepreneurs. Il essaya de l'expliquer au contremaître :

— Avez-vous remarqué, lui dit-il, que jamais deux ouvriers ne font les mêmes gestes pour poser une brique ? C'est important. Savez-vous pourquoi ?

— Je sais que, si vous ouvrez encore une fois la bouche à propos de briques, je vous en fourre une dedans !

— C'est important parce que si un maçon fait son travail comme il doit être fait, alors tous les autres le font de travers. Moi, à votre place, j'observerais celui qui pose ses briques correctement et j'obligerais les autres à le copier.

— Si vous étiez à ma place, criait le contremaître pâle de rage, la première chose que vous feriez serait de flanquer dehors l'impossible rouquin qui essaie de se mettre à la vôtre ! Et c'est exactement ce que vous êtes en train de faire.

Il saisit une brique et l'agita de façon menaçante.

— Je ne suis peut-être pas assez malin pour savoir qui est mon meilleur ouvrier, mais je sais bien qui est le pire oiseau que je connaisse. Cessez de me casser les oreilles, ou je vous colle cette brique sur la figure... d'une manière qui vous plaise ou non.

Dans l'année, cependant, Papa avait inventé un modèle d'échafaudage qui faisait de lui le plus rapide des ouvriers. Il avait remarqué que les piles de briques et le mortier étaient toujours placés au niveau du mur à construire. Les ouvriers étaient donc obligés de se pencher pour attraper leur matériel. Le système de Papa lui évitait ce geste inutile.

— Vous n'êtes pas plus fort que les autres, raillait le contremaître. Vous n'êtes qu'un sacré paresseux qui ne veut pas se baisser !

N'empêche qu'il fit construire des échafaudages semblables pour tous ses hommes et conseilla même à

Papa d'envoyer son modèle à l'Institut de mécanique où il eut un prix.

Plus tard, sur la recommandation du même contremaître, il devint contremaître à son tour. Il réussit avec sa propre équipe des records de vitesse si étonnants qu'il fut promu surintendant. Puis il devint chef d'entreprise, construisant à son compte des ponts, des canaux, des cités industrielles et des usines. Souvent, quand la construction était achevée, on le priait de rester pour appliquer ses méthodes au travail de l'usine elle-même.

A vingt-sept ans, Papa avait des bureaux à New York, à Boston et à Londres. Il possédait un yacht, fumait des cigares et s'habillait comme un dandy.

Maman était d'une famille distinguée d'Oakland en Californie. Elle avait rencontré Papa à Boston, alors qu'elle était en route pour l'Europe, au cours d'une de ces croisières bien chaperonnées qu'on organisait pour les jeunes filles du monde aux environ des années 90.

Maman avait poussé loin ses études et était graduée en psychologie de l'université de Californie. En ce temps-là les étudiantes étaient regardées avec quelque suspicion. Quand Papa et Maman se marièrent, on put lire dans les journaux d'Oakland :

« Bien que graduée de l'université de Californie, la mariée n'en est pas moins une jeune femme extrêmement attrayante. »

En vérité, elle l'était.

Et ce fut ainsi que Maman, psychologue de profession, et Papa, spécialisé dans l'étude du mouvement et entrepreneur de travaux publics, décidèrent d'explorer les contrées nouvelles de la psychologie familiale avec une pleine maisonnée d'enfants. Ils étaient persuadés que ce qui serait bon à la maison serait bon à l'usine, et réciproquement.

Papa mit sa théorie à l'épreuve peu de temps après notre installation à Montclair. Notre homme à tout faire, Tom Grieves, et Mrs. Cunningham, la cuisinière, ne suffisaient plus à tenir cette grande maison en ordre. Papa décida que nous les aiderions, mais il voulait que cette contribution fût volontaire. Il avait découvert que le meilleur moyen pour obtenir une collaboration fructueuse des ouvriers d'une usine était d'instaurer une commission mixte d'ouvriers et de patrons qui répartissait le travail selon les aptitudes et les goûts personnels. Aussi Papa et Maman instituè-rent-ils un Conseil familial sur le modèle de ces commissions mixtes. Le Conseil se réunissait tous les dimanches après-midi, immédiatement après déjeuner.

A la première séance, Papa se leva solennellement, se versa un verre d'eau et commença un discours.

— Vous voudrez bien remarquer, dit-il, que j'occupe

la place de Président. Je pense qu'il n'y a pas d'objection. Le Président, n'entendant aucune objection, fera...

Anne l'interrompit.

— Monsieur le Président...

Appartenant à une classe supérieure, elle avait quelque idée de la procédure parlementaire et pensait qu'il serait bien d'avoir un Président issu de la majorité.

— A l'ordre, cria Papa. D'autant plus « à l'ordre » que le Président parle.

— Mais tu as dit que tu n'avais pas entendu d'objection et j'en ai une à faire.

— « A l'ordre » signifie « asseyez-vous ». Et j'ai dit : « A l'ordre », tonna Papa.

Il but une gorgée d'eau glacée et reprit son discours.

— Le premier objet du Conseil est de répartir le travail indispensable au-dedans et au-dehors de la maison. Le Président recueillera-t-il quelque proposition ?

Il n'y eut aucune proposition.

Papa se mit à sourire et tenta d'établir un climat de bonne humeur.

— Allons, allons, camarades membres du Conseil, dit-il, nous sommes en démocratie. Chacun a une voix égale. Comment désirez-vous vous répartir le travail ?

Personne n'avait envie de répartir le travail ni d'y être associé de quelque manière que ce fût. Personne ne dit mot.

— Dans une démocratie, tout le monde prend la parole. Parlez, nom d'une pipe !

La bonne humeur avait disparu.

— Jack, tu as la parole. Qu'est-ce que tu penses à propos de la division du travail ? Et je t'avertis qu'il vaudrait mieux que tu en penses quelque chose.

— Je pense, répondit Jack lentement, qu'il doit être fait par Tom et par Mrs. Cunningham. On les paie pour cela.

— Assieds-toi. Je te retire la parole.

Jack se rassit au milieu de l'approbation générale, hormis celle de Papa et de Maman.

— Chut, Jackie. Ils pourraient t'entendre et nous quitter. Il est si difficile de trouver des domestiques quand il y a tant d'enfants dans une maison !

— Je voudrais bien qu'ils s'en aillent, répondit Jack. Ils font trop les maîtres !

Dan eut ensuite la parole.

— Je trouve que Tom et Mrs. Cunningham ont assez à faire, commença-t-il.

Les visages de Papa et Maman s'éclairèrent et ils approuvèrent d'un signe de tête.

Mais Dan continuait :

— J'estime que nous devrions prendre un domestique de plus pour les aider.

— A l'ordre ! hurla Papa. Assieds-toi.

Il voyait que les choses tournaient mal. Maman était psychologue professionnelle, c'était à elle de sortir de là.

— Votre Président donne la parole à votre Vice-Présidente, dit-il, faisant comprendre à Maman d'un signe qu'il venait de lui décerner ce titre.

— Nous pourrions en effet prendre du personnel en plus, dit Maman. Ce serait peut-être la solution...

Nous nous poussâmes du coude en souriant.

— Cependant, poursuivit-elle, cela signifierait une réduction du budget sur un autre chapitre. Si nous supprimions par exemple toute espèce de dessert et les pensions individuelles, nous pourrions assumer les frais d'une femme de chambre. Si nous supprimions d'autre part le cinéma, les ice-creams sodas et tout nouvel achat de vêtements pendant un an, nous pourrions également assumer la charge d'un jardinier.

— Est-ce que j'entends une motion dans ce sens ? demanda Papa radieux. Quelqu'un désire-t-il qu'on supprime les pensions ?

Personne ne le désirait. Papa nous asticota un peu et, finalement, les attributions de travail furent votées.

44

Les garçons tondraient le gazon et ratisseraient les feuilles mortes. Les filles balaieraient, époussetteraient et feraient la vaisselle du dîner. Tout le monde, excepté Papa, ferait son lit et rangerait sa chambre. Quand on en vint à la question de proportionner le travail aux forces respectives, il fut décidé que les filles les plus petites épousetteraient les pieds des meubles et les rayonnages d'en bas, les plus grandes le dessus des tables et les rayons du haut. Les aînés des garçons pousseraient la tondeuse et emporteraient les feuilles mortes, les plus jeunes ratisseraient et arracheraient les mauvaises herbes.

*

Le dimanche suivant, quand Papa nous réunit pour la seconde séance du Conseil, nous prîmes nos places avec lenteur et componction. Le Président sentit qu'il y avait quelque anguille sous roche et tiqua. Il eut du mal à garder un visage impassible en ouvrant la séance.

Martha, qui avait été dûment stylée au cours d'entretiens privés, se leva.

— L'attention de l'assemblée a été éveillée, commença-t-elle, par le fait que la Vice-Présidente a l'intention d'acheter un nouveau tapis pour la salle à manger. Étant donné que l'assemblée tout entière est appelée à poser ses regards sur ce tapis et à s'asseoir sur les chaises qui seront dessus, je propose que le Conseil soit consulté avant tout achat.

— J'appuie la proposition, dit Anne.

Papa ne savait pas trop que faire.

— Y a-t-il discussion ? demanda-t-il pour gagner du temps et préparer sa contre-attaque.

— Monsieur le Président, dit Lillian, c'est nous qui balaierons le tapis. Nous aimerions le choisir.

— Nous aimerions qu'il soit à fleurs, risqua Martha. Quand il y a des fleurs, les miettes de pain se voient moins et nous économiserions du mouvement en évitant de balayer aussi souvent.

— Nous aimerions savoir quelle sorte de tapis la Vice-Présidente a l'intention d'acheter, dit Ernestine.

— Et nous aimerions nous assurer que le budget peut supporter cette dépense, proclama Fred.

— La parole est à la Vice-Présidente, dit Papa. C'est toi qui as eu l'idée de ce Conseil, Lillie. Qu'est-ce que nous allons faire ?

— Eh bien, dit Maman avec quelque hésitation, mon idée était d'acheter un tapis violet et d'y consacrer cent dollars. Mais si les enfants estiment que c'est trop cher et qu'ils préfèrent qu'il soit à fleurs, je suis d'accord pour me ranger à la majorité.

— Je propose, dit Frank, qu'on ne dépense pas plus de quatre-vingt-quinze dollars.

Papa haussa les épaules. Si Maman ne s'en faisait pas souci, lui non plus.

— Que tous ceux qui approuvent la motion de ne pas dépenser plus de quatre-vingt-quinze dollars disent oui.

La motion passa à l'unanimité.

— Quelque chose d'autre ?

— Je propose, dit Bill, que les cinq dollars que nous avons économisés soient consacrés à l'achat d'un petit colley.

— Eh ! pas si vite, dit Papa.

L'histoire du tapis avait été une plaisanterie, mais la question du chien était plus sérieuse. Il y avait des années que nous avions envie d'un chien. Papa estimait que n'importe quel « chouchou » qui ne pondait pas d'œufs était une extravagance qu'un père de douze enfants ne pouvait pas se permettre. Il sentait que, s'il cédait pour le chien, on ne savait où le mènerait le prochain vote du conseil. Il imaginait avec terreur une grange pleine de poneys, un roadster pour Anne, des motocyclettes, une piscine et, au-delà, la misère ou la prison pour dettes s'il en existe encore.

— J'appuie la proposition, dit Lillian, faisant sauter Papa hors de son mauvais rêve.

— Un chien, dit Jack, serait notre « chouchou ». Tout le monde dans la famille pourrait le caresser et je serais son maître.

— Un chien, dit Dan, serait notre ami. De plus, il mangerait les restes de la table, ce qui nous éviterait une perte sèche et économiserait les mouvements de ramasser les ordures.

— Un chien, dit Papa sur le même ton, serait un exécrable fléau. Nous deviendrions ses esclaves. Il nous rongerait au-dehors et au-dedans. Il sèmerait ses puces du grenier à la porte d'entrée. Il ne démordrait pas de l'idée de dormir au pied de *mon* lit. Et personne ne voudrait laver cet ignoble et dégoûtant animal.

Il quêta l'approbation de Maman.

— Lillie, Lillie, ouvrez les yeux, implora-t-il. Ne voyez-vous pas où tout cela va nous mener ? Des poneys, des roadsters, des croisières aux Hawaï, des bas de soie, du rouge à lèvres et des cheveux courts !

— J'incline à penser, mon ami, répondit Maman, que nous devons faire confiance au bon sens des enfants. Un chien de cinq dollars n'est pas une croisière aux Hawaï.

Nous votâmes, et il n'y eut qu'un bulletin contre, celui de Papa. Maman s'abstint.

Les années qui suivirent, quand le colley eut grandi, qu'il mit des poils partout, mordit le facteur et essaya positivement de s'annexer le pied du lit de Papa, le Président eut l'occasion de faire à la Vice-Présidente une observation appropriée.

— Je loue chaque nuit mon Créateur de n'avoir pas voté pour l'introduction dans la maison de cet animal paresseux, batailleur et impossible ! Je me félicite d'avoir eu le courage de m'élever contre ce sac à puces bâtard et impudent qui maintenant partage mon lit et ma table. Vous entendez, vous, l'abstentionniste !

VI
Systèmes

Comme la plupart des idées de Papa et de Maman, le Conseil familial avait sa raison d'être et, quoiqu'il fût souvent une occasion de bagarres, il donnait des résultats pratiques. La Commission des Achats domestiques, régulièrement élue, achetait la nourriture, les vêtements, les objets mobiliers et les équipements sportifs. La Commission des Économies levait des amendes d'un *cent* sur les gaspilleurs d'eau et d'électricité. La Commission d'Initiative veillait à ce que le travail fût accompli comme prévu. Des gratifications étaient allouées en Conseil, qui votait des récompenses aussi bien que des punitions. En dépit des prédictions de Papa, il n'y eut ni poney ni roadster.

La Commission d'Achat avait découvert un important magasin qui nous vendait tout au prix de gros, depuis les sous-vêtements jusqu'aux gants de baseball. Un autre achetait les conserves, directement à la fabrique, par wagonnets.

C'était également le Conseil qui s'occupait des adjudications pour les travaux extraordinaires.

Lill avait huit ans quand elle proposa un forfait de quarante-sept *cents* pour peindre une longue et haute palissade dans l'arrière-cour. Naturellement c'était la proposition la moins chère, et elle obtint le marché.

— Elle est trop petite pour peindre cette palissade toute seule, dit Maman à Papa. Ne la laisse pas faire.

— Allons donc ! Il faut qu'elle apprenne la valeur de

l'argent et qu'on doit tenir ses engagements. Elle se débrouillera.

Lill faisait des économies pour s'acheter des patins à roulettes et voulait l'argent ; elle insista et promit qu'elle s'en tirerait.

— Si tu commences, il faudra finir, lui dit Papa.

— Je finirai, je sais que je peux.

— Tu signes donc un contrat avec toi-même ?

Il fallut dix jours à Lill pour achever sa tâche ; elle travaillait tous les après-midi après l'école et tous les week-ends. Ses mains étaient couvertes d'ampoules ; certains soirs, elle était tellement fatiguée qu'elle ne pouvait pas s'endormir. Papa était si tourmenté qu'il n'en dormait pas, lui non plus.

Maman ne cessait de lui dire :

— Empêche-la donc de continuer, elle aura un *breakdown* ou je ne sais quoi.

— Non, répétait Papa. Cela lui donne le sens de l'argent et lui fait comprendre que, lorsqu'on entreprend quelque chose, il faut le finir si on veut être payé.

— Tu parles comme Shylock ! disait Maman.

Mais Papa ne céda pas.

Quand Lill eut enfin terminé, elle alla le trouver en pleurant.

— C'est fait, dit-elle, j'espère que tu es content. Puis-je toucher maintenant mes quarante-sept *cents* ?

Papa lui compta l'argent.

— Ne pleure pas, ma chérie. Tant pis pour ce que tu as pensé de ton vieux Papa. Il n'a agi que pour ton bien. Si tu vas voir maintenant sous ton oreiller, tu comprendras que Papa a pensé à toi tout le temps.

Il y avait, sous l'oreiller, une paire de patins à roulettes.

*

Fred était à la tête de la Commission des Économies et collectait les amendes.

Un soir, juste avant de se coucher, il s'aperçut que quelqu'un avait laissé couler un robinet et qu'une baignoire était remplie d'eau chaude.

Jack dormait déjà depuis plus d'une heure, mais Fred l'éveilla.

— Sors de là et va prendre un bain ! lui dit-il.

— J'en ai déjà pris un avant de me coucher.

— Je le sais bien, puisque tu as laissé couler le robinet ; mais nous n'allons pas perdre cette excellente eau chaude.

— Pourquoi ne te baignes-tu pas toi-même ? lui demanda Jack.

— Je prends mon bain le matin. C'est inscrit au programme.

Et Jack prit deux bains cette nuit-là.

Un jour, Papa arriva à la maison avec deux phonographes et deux piles de disques. Il siffla le rassemblement dès le seuil de la porte et nous l'aidâmes à se débarrasser de ses paquets.

— Mes enfants, nous dit-il, j'ai une merveilleuse surprise. Deux phonos et tous ces ravissants disques.

— Nous avons déjà un phono, Papa.

— Je le sais, mais celui que nous possédons reste au rez-de-chaussée. Nous aurons maintenant deux phonos en haut. Ce sera très amusant.

— Pourquoi ?

— Dorénavant, nous allons essayer de regagner une « perte de temps inévitable ». Nous placerons les phonos dans les salles de bains, l'un dans celle des garçons, l'autre dans celle des filles. Je parie que nous serons la seule famille de la ville à en avoir un dans chaque salle de bains ! Et quand vous prendrez votre tub, ou que vous vous brosserez les dents, vous pourrez le faire marcher.

— Pourquoi ?

— Pourquoi, pourquoi, pourquoi ? imita Papa. Pourquoi ci, pourquoi ça. Faut-il qu'il y ait un « pourquoi » à chaque chose ?

— Il ne le faut pas absolument, Papa, expliqua Ernestine avec patience. Mais avec toi il y en a généralement un. Quand tu commences à parler de « perte de temps » et de phonographe, la musique de danse n'est pas la première chose qui nous vienne à l'esprit.

— En effet, admit Papa, il ne s'agit pas de musique de danse. Mais tu vas voir que c'est aussi intéressant et plus instructif.

— Quel genre de disques est-ce donc ? demanda Anne.

— Un vrai régal ! Des cours de français et d'allemand. Inutile de les écouter attentivement. Faites-les tourner et, à la fin, votre oreille s'habituera.

— Merci bien !

Papa était vite las de diplomatie et de psychologie.

— Taisez-vous, et écoutez-moi, s'écria-t-il. J'ai dépensé cent cinquante dollars pour cet attirail. Croyez-vous que ce soit pour mon usage personnel ? Nom d'une pipe ! Je vous jure que non. Il se trouve que je parle déjà le français et l'allemand si couramment que l'on me prend souvent pour un Français ou un Allemand.

C'était, pour le moins, extrêmement exagéré. Car si Papa avait étudié les langues étrangères presque toute sa vie, et s'il se débrouillait bien en allemand, il n'était jamais parvenu à se familiariser avec le français. Durant ses voyages d'affaires en Europe, il insistait toujours pour que Maman l'accompagnât comme interprète. Elle, elle avait un don inné pour les langues.

— Non, continua Papa, je n'ai pas acheté ce matériel hors de prix pour moi-même, quoique je puisse dire que je n'aimerais rien tant qu'avoir mon phonographe à moi et mes disques de conversation étrangère. J'ai acheté tout cela pour vous, en cadeau, et vous vous en servirez ! Si je n'entends pas marcher les deux appareils tous les matins depuis la minute à laquelle vous vous levez jusqu'à celle à laquelle vous descendez pour le breakfast, il faudra que vous m'en donniez la raison.

— Il pourrait y en avoir une, dit Bill, c'est qu'il est

impossible de changer un disque pendant qu'on est dans son bain.

— Quelqu'un qui applique les principes de l'économie du mouvement doit pouvoir entrer et sortir du bain le temps de faire tourner un disque.

C'était parfaitement vrai. Papa s'asseyait dans son tub et prenait le savon dans sa main droite. Puis il posait sa main droite sur son épaule gauche, la faisait descendre sur le dessus de son bras gauche, remonter sous le bras gauche jusqu'à l'aisselle, redescendre le long de ses côtes et à l'extérieur de sa jambe gauche et remonter à l'intérieur le long de la même jambe. Ensuite, il faisait passer le savon dans sa main gauche et exécutait les mêmes mouvements de l'autre côté. Après deux frottis circulaires sur le devant du corps et du dos, et quelques soins spéciaux aux pieds et au visage, il plongeait pour se rincer et sortait du tub. Il avait réuni plusieurs fois les garçons dans la salle de bains pour leur donner une démonstration et il s'était assis un jour, au milieu du tapis du living-room, avec tous ses vêtements sur le dos, pour donner la même leçon aux filles.

Ainsi n'y eut-il plus de « temps perdu » dans la salle de bains, et il ne fallut pas longtemps pour que nous baragouinions tous une sorte de sabir franco-allemand. Pendant dix ans les phonographes serinèrent leurs disques au second étage de notre maison de Montclair. Quand nous parvînmes à nous exprimer couramment, nous parlions souvent une langue étrangère pendant le dîner. Lorsque c'était le français, Papa était laissé hors de la conversation.

— Votre accent allemand n'est pas trop mauvais, disait-il, je comprends presque tout ce que vous dites. Mais votre accent français est tellement atroce que personne, sauf vous-mêmes, n'est capable de vous comprendre. J'imagine que vous vous êtes créé une sorte d'idiome barbare qui n'a pas plus de rapport avec le français qu'avec le bas latin.

Nous étouffions nos rires et il se tournait, furieux, vers Maman.

— Ce n'est pas ton avis, Lillie ?

— Si, mon ami, répondait-elle. Je pense que personne ne les prendrait pour des Français. Mais je puis habituellement comprendre de quoi il s'agit.

— C'est parce que tu as appris le français en Amérique où tout le monde le parle avec un accent, répondait dignement Papa, tandis que ma connaissance, à moi, de cette langue, vient directement des rues de Paris.

— Peut-être, mon ami, disait Maman, peut-être bien.

Le soir du jour où Maman lui avait dit cela, Papa transporta le phonographe de la salle de bains des garçons jusqu'à sa chambre et nous l'entendîmes qui faisait jouer les disques français jusqu'à une heure avancée de la nuit.

*

C'est à peu près à cette époque que Papa devint ingénieur conseil chez Remington, et, grâce à ses méthodes d'économie du mouvement, une dactylographe attachée à la maison s'adjugea le record mondial de vitesse.

Il nous en parla un soir au dîner, et nous expliqua qu'il avait fixé de petites lumières aux doigts de la dactylo et fait prendre un film pour contrôler exactement ses gestes et travailler à en réduire le nombre.

— N'importe qui peut apprendre à taper rapidement, conclut-il. J'ai inventé un système qui permet de connaître le clavier en deux semaines. Absolument garanti.

Nous voyions bien qu'un grand projet mijotait sous son crâne.

— Deux semaines, répétait-il. Même à un enfant, j'apprendrais à taper en deux semaines !

— Est-ce que tu sais taper toi-même ? demanda Bill.

— Je sais l'enseigner en quinze jours. Tout le monde peut apprendre à condition de faire exactement ce que je dis.

Le lendemain, il apporta à la maison une machine neuve, absolument blanche, un canif en or et une montre Ingersoll. Il développa les paquets et les posa sur la table de la salle à manger.

— Est-ce que je peux essayer la machine, Papa ?, demanda Marthe.

— Pourquoi est-elle blanche ? demanda Anne. Toutes les machines que j'ai vues étaient noires. C'est très joli, mais je voudrais bien savoir pourquoi celle-ci est blanche.

— C'est pour pouvoir mieux la filmer, expliqua Papa. Et aussi parce que n'importe qui, voyant une machine blanche, a envie de s'en servir. Ne me demandez pas pourquoi, c'est de la psychologie.

Nous voulions tous l'essayer, mais Papa ne laissa personne la toucher.

— Expérience facultative, annonça-t-il. Je crois que je puis enseigner à taper en quinze jours. Ceux qui voudront essayer auront l'autorisation de travailler sur la machine blanche. Celui d'entre vous qui tapera le plus rapidement à la fin des deux semaines recevra la machine comme cadeau. Ce canif et la montre récompenseront les deux meilleurs suivants, compte tenu de leur âge.

Excepté les deux plus jeunes, qui ne parlaient pas encore, tout le monde voulut concourir.

— Est-ce que je peux m'exercer la première, Papa ? demanda Lill.

— Personne ne touchera la machine tant que je n'aurai pas dit : « Exercez-vous ». Il faut d'abord que je vous montre comment elle fonctionne.

Il prit une feuille de papier.

— Vous glissez le papier ici. Vous tournez le rouleau, et vous poussez le chariot jusqu'au bout de la ligne, comme ça.

Papa, avec deux doigts, tapota en hésitant la première chose qui lui passa par la tête : son nom.

Bill demanda :

— Est-ce que c'est ça ton système, Papa ?

— Non, je te le montrerai dans un instant.

— Est-ce que tu l'appliques toi-même ? Papa ?

— Je sais l'apprendre, Bill, mon garçon.

— Mais toi, le sais-tu ?

— Je sais l'apprendre, rugit Papa. En quinze jours, je peux l'apprendre à un enfant. Je viens d'entraîner le champion du monde. Est-ce que tu comprends ce que je te dis, oui ou non ? Il paraît que le professeur de chant de Caruso ne pouvait pas chanter une note. Es-tu satisfait ?

— Je crois que oui, murmura Bill.

— Pas d'autres questions ?

Il n'y en avait pas d'autres.

Papa nous montra ensuite des tableaux qui reproduisaient un clavier de machine et en donna un à chacun de nous.

— La première chose est d'apprendre par cœur le clavier : AZERTYUIOP. Ce sont les lettres de la rangée du haut. Sachez-les par cœur. Apprenez-les dans les deux sens, jusqu'à ce que vous puissiez les répéter les yeux fermés. Comme ça.

Papa ferma l'œil droit mais laissa une fente suffisante sous sa paupière gauche pour pouvoir lire le tableau.

— AZERTYUIOP. Vous voyez... Sachez-les même en dormant. C'est la première étape.

Comme nous avions l'air déconfits. Papa ajouta :

— Je vous vois venir. Vous voudriez essayer la machine blanche ? Elle est jolie, hein ?

Il fit cliqueter quelques touches.

— Aussi douce qu'une montre.

Nous approuvâmes.

— Eh bien, demain ou après-demain vous pourrez

l'utiliser. Apprenez d'abord le clavier, après cela vous apprendrez de quels doigts il faut se servir. Et, enfin, vous approcherez de Moby Dick. L'un de vous la gagnera.

Quand nous sûmes le clavier, nos doigts furent marqués à la craie de couleur. Les petits doigts étaient bleus, les index rouges, et ainsi de suite. Les ronds des touches sur le tableau furent peints des couleurs correspondantes. Par exemple, l'A, le Q et le W, qui doivent tous être frappés avec le petit doigt de la main gauche, étaient bleus comme notre petit doigt.

— Vous n'avez qu'à vous exercer jusqu'à ce que chaque doigt soit habitué à sa couleur, nous dit Papa. Dès que cela sera fait, vous serez prêts à taper.

En deux jours, nous fûmes tout à fait capables d'assortir les couleurs de nos doigts à celles du tableau.

Ernestine fut la plus prompte, et s'assit la première devant la machine blanche. Elle se hissa sur sa chaise, pleine de confiance, et nous nous rassemblâmes tous autour d'elle.

— Oh ! Papa, ce n'est pas de jeu ! s'exclama-t-elle. Tu as caché toutes les lettres ! Je ne peux pas voir ce que je tape.

Les cache-clavier sont très employés aujourd'hui, mais c'est Papa qui en avait eu l'idée et les avait fait fabriquer par Remington.

— Tu n'as pas besoin de voir, lui expliqua-t-il. Tu n'as qu'à imaginer que ces touches sont colorées et taper comme si tu le faisais sur ton tableau.

Ernestine commença lentement, puis augmenta de vitesse. Ses doigts sautaient instinctivement d'une touche à l'autre. Papa se tenait debout derrière elle, un crayon dans une main, un tableau modèle dans l'autre. Chaque fois qu'elle faisait une faute, il lui donnait un coup de crayon sur la tête.

— Ne fais pas ça, Papa, ça me fait mal. Je ne peux pas me concentrer avec la menace de ton crayon sur la tête.

— J'espère bien que cela te fait mal ! Ta tête apprendra à tes doigts à ne pas se tromper.

Ernestine continua. Tous les cinq mots environ elle faisait une faute et le crayon s'abaissait et faisait « bing » ! Mais les « bing » devenaient de plus en plus rares et, à la fin, Papa laissa le crayon.

— C'est bien, Ernie, dit-il, je crois que tu y arriveras.

Au bout des deux fameuses semaines, tous les enfants au-dessus de six ans, et Maman elle-même, tapaient de façon passable. Papa lui aussi prétendait le faire. Nous étions loin d'aller vite, parce que la vitesse ne s'acquiert que par la pratique ; cependant nous tapions à peu près correctement.

Papa alla jusqu'à inscrire le nom d'Ernestine dans un concours de vitesse, comme celui d'un enfant prodige. Mais Maman intervint et jamais Ernie ne prit part à la compétition.

— Ce n'est pas parce que je veux la mettre en avant, expliqua Papa, c'est pour donner aux gens la possibilité de voir ce que l'on peut obtenir par une méthode d'instruction appropriée et une étude raisonnée du mouvement.

— Je pense quand même que ce n'est pas une bonne idée, mon ami, dit Maman. Ernestine est très nerveuse et les enfants sont assez vaniteux sans cela.

Papa céda, mais à condition de filmer chacun de nous, d'abord tapant sur le tableau avec nos doigts colorés, puis tapant sur la machine. Il prétendait que c'était pour ses archives. Un mois plus tard, le film passa dans les actualités avec tous les détails, sauf celui du crayon nous menaçant le crâne. Et quelques-uns de nous, aujourd'hui encore, rentrent la tête dans les épaules, chaque fois qu'ils mettent le doigt sur la touche de recul.

*

Comme Papa estimait que les repas étaient une « perte de temps inévitable », il décida que l'heure du dîner deviendrait une heure instructive. Sa règle fondamentale fut que personne ne devait élever la voix, si ce n'était pour parler d'un sujet « d'intérêt général ». C'était lui qui décidait qu'un sujet était d'intérêt général ou non. Et comme il était persuadé que tout ce qu'il disait était intéressant, le reste de la famille avait bien du mal à placer un mot.

— Vraiment, nous avons un camarade d'une extraordinaire stupidité au cours d'histoire, commençait Anne.

— Est-il beau garçon ? demandait Ernestine.

— Ce n'est pas d'intérêt général, grondait Papa.

Marthe protestait :

— Moi, ça m'intéresse.

— Mais nous, ça nous embête ! S'il y avait au cours d'histoire un élève à deux têtes, cela serait d'intérêt général.

Au début du repas, pendant que Maman emplissait les assiettes à un bout de la table, Papa nous servait le plat du jour de la conversation à l'autre bout.

— J'ai rencontré aujourd'hui un ingénieur qui revenait des Indes. Que croyez-vous qu'il m'ait raconté ? Il pense que l'Inde est, pour ses dimensions, le pays le moins industrialisé du monde.

Nous savions alors que, durant tout ce repas-là, le fait le plus dépourvu de signification serait jugé d'intérêt général exceptionnel s'il concernait l'Inde, tandis que tout ce qui regardait les pays voisins, le Siam, la Perse, la Chine ou la Mongolie, serait considéré comme manquant du moindre intérêt général, et que ce qui s'était passé à Montclair (New Jersey) ne retiendrait en rien l'attention.

Quelquefois, le sujet du jour était une analyse de mouvements, ceux par exemple qu'il fallait faire pour desservir la table. Une telle étude était toujours d'un vif « intérêt général ».

— Est-il préférable d'empiler la vaisselle afin de pouvoir en emporter une grande quantité, demandait Papa, ou bien est-il préférable de ne prendre que quelques assiettes à la fois pour les transporter à la cuisine, où vous pouvez les rincer en même temps que vous les empilez ? Après dîner, nous diviserons la table en deux et nous essaierons la première méthode d'un côté et la seconde de l'autre. Je minuterai.

Une série de trucs par lesquels Papa pouvait multiplier mentalement de grands nombres entre eux sans crayon ni papier était également d'un intérêt général exceptionnel. L'explication de ces trucs serait trop compliquée pour en donner le détail. Deux exemples élémentaires suffiront.

1° Pour multiplier 44 par 44 vous calculez de combien 44 est plus grand que 25. La réponse est 19. Ensuite vous calculez de combien 44 est plus petit que 50. La réponse est 6. Vous mettez 6 au carré et vous obtenez 36. Vous réunissez 19 et 36, c'est le résultat : 1936.

2° Pour multiplier 46 par 46 vous calculez de combien 46 est plus grand que 25, la réponse est 21. Ensuite vous calculez de combien 46 est plus petit que 50, la réponse est 4. Vous mettez 4 au carré et vous obtenez 16. Vous réunissez 21 et 16, et c'est le résultat : 2116.

Papa nous annonça un soir :

— Je vais vous apprendre à tous comment multiplier mentalement les nombres de deux chiffres.

— Ce n'est pas « d'intérêt général », dit Anne.

— Et si vous nous appreniez à multiplier un nombre de deux chiffres par un veau à deux têtes ? suggéra Ernestine.

— Ceux qui trouvent que ce n'est pas d'intérêt général peuvent quitter la table, reprit Papa froidement, mais j'ai cru comprendre qu'il y avait de la tarte aux pommes comme dessert.

Personne ne bougea.

— Puisque tout le monde semble maintenant intéressé, je vais vous expliquer comment on fait.

C'était un peu compliqué pour des enfants et il fallait d'abord apprendre les carrés de tous les nombres jusqu'à 25. Mais Papa s'y prit lentement et, au bout de deux mois, les aînés savaient tous ses trucs.

Pendant que Maman découpait et nous servait (Papa découpait quelquefois du bois pour s'amuser, mais, à table, ne touchait jamais un couteau à découper), il nous faisait faire des exercices de calcul mental.

— 19 fois 17 ?

— 323.

— Exact. Bravo, Bill ! 52 par 52 ?

— 2704.

— Exact. Bravo, Martha !

Dan avait cinq ans à cette époque-là et Jack trois. Un soir à dîner Papa bombardait Anne de questions sur les carrés des nombres jusqu'à 25. Il ne s'agissait que de mémoire et non de calcul.

— 15 fois 15 ?

— 225, répondit Dan.

— 16 fois 16 ?

Jack, assis dans sa grande chaise à côté de Maman, donna la réponse avant tout le monde.

— 256.

Papa commença par se fâcher parce qu'il crut qu'un grand lui avait soufflé.

— J'interroge Dan. Vous, les grands, tenez-vous tranquilles...

Puis, il s'arrêta, prenant conscience de ce qui s'était réellement passé.

— Qu'est-ce que tu as dit, mon petit Jack ? demanda-t-il doucement.

— 256.

Papa sortit une pièce de monnaie de sa poche et devint très sérieux.

— Aurais-tu retenu les carrés en entendant poser les questions aux autres, Jackie ?

Jack, sans savoir si c'était bien ou mal, fit signe de la tête que oui.

— Si tu peux me dire ce que font 17 fois 17, Jackie chéri, cette pièce sera pour toi.

— Mais oui, Papa, répondit Jack. Ça fait 289.

Papa lui donna la pièce et se tourna radieux vers Maman.

— Lillie, dit-il, nous devons prendre un soin particulier de cet enfant-là !

*

A onze ans, Martha était devenue la plus forte de la famille en calcul mental. Papa avait encore sur le cœur la participation manquée d'Ernestine au concours de vitesse pour la dactylographie. Aussi insista-t-il pour emmener Martha à New York où l'on donnait une démonstration de machine à calculer.

— Celle-ci n'est pas trop nerveuse, dit-il à Maman. J'ai bien voulu transiger et faire un film avec l'histoire de la machine à écrire. Mais je ne peux pas filmer du calcul mental. Il faut qu'elle vienne à New York avec moi.

Martha était debout sur une estrade à l'Exposition de machines à calculer et résolvait les problèmes qu'on lui posait plus vite que les spécialistes avec leur instrument. Papa, naturellement, se tenait à côté d'elle. A la fin, quand les applaudissements cessèrent, il dit modestement au public :

— Ceci n'est rien ! J'ai un petit garçon à la maison qui est presque aussi fort qu'elle. J'aurais voulu vous le présenter ici, mais Mrs. Gilbreth a trouvé qu'il était encore trop jeune. Peut-être, l'année prochaine, quand il aura quatre ans...

*

Nous commencions à soupçonner Papa d'être un fameux professeur et de savoir vraiment ce qu'il disait. Une fois cependant nous le prîmes en défaut.

— Demain, nous avait-il dit un jour, je vais construire une baignoire en ciment pour les oiseaux. Que ceux qui veulent me regarder faire rentrent directement après l'école. Nous la construirons vers la fin de l'après-midi.

Papa avait depuis longtemps abandonné ses travaux d'entrepreneur pour consacrer toute son activité à l'organisation scientifique et à l'analyse du mouvement. Mais nous savions qu'il avait été un spécialiste de la maçonnerie et qu'il avait écrit un livre sur le béton armé.

Le lendemain, il fabriqua un caisson, mélangea le ciment avec assurance et le coula.

— Nous le laisserons reposer un certain temps, dit-il, puis nous enlèverons le moule.

Il dut s'absenter quelques semaines. Dès son retour, il enfila de vieux vêtements, siffla le rassemblement et nous conduisit dans la cour.

— J'ai pensé à ma baignoire tout le temps que j'ai

été parti ! dit-il. Elle doit être sèche et solide à présent.

— Est-ce que les oiseaux viendront se baigner dedans, Papa ? demanda Fred.

— Je suis sûr, Freddy, qu'ils feront des kilomètres pour s'y baigner. Je crois même que, le samedi soir, ils feront la queue pour entrer dans notre amour de baignoire.

Il se pencha sur le moule.

— Écartez-vous tous, dit-il, nous allons maintenant découvrir le chef-d'œuvre. Prenez vos serviettes les petits oiseaux, c'est presque l'heure du bain !

Nous étions muets d'attente.

Mais dès que Papa commença à démouler la baignoire, une sorte de grincement sinistre retentit, et un tas de poussière et de moellons se répandit à nos pieds.

Papa était silencieux et consterné. Il prenait la chose tellement à cœur que nous étions désolés pour lui.

— Cela ne fait rien, Papa, nous savons que tu as fait de ton mieux, dit Lill gentiment.

Papa se tourna sévèrement vers Bill.

— Bill, est-ce que... ?

— Est-ce que quoi, Papa ?

— As-tu touché à la baignoire ?

— Non, Papa, je le promets.

Papa se pencha et ramassa un peu de ciment qui s'effrita en miettes sous ses doigts.

— Trop de sable, murmura-t-il.

Et se tournant de nouveau vers Bill :

— C'est ma faute à moi, lui dit-il. J'ai mis trop de sable. Je sais que tu n'y as pas touché, et je regrette d'avoir laissé entendre que tu aurais pu le faire.

Papa n'était jamais longtemps déprimé.

— Eh bien, ajouta-t-il, ça n'a pas marché. Voilà. N'empêche que j'ai bâti quelques-uns des plus beaux et des plus solides édifices du monde entier. Et des ponts, et des routes, et des canaux sur des kilomètres et des kilomètres de distance...

— Est-ce qu'une baignoire pour les oiseaux est plus difficile à construire qu'une grande maison, Papa ? demanda Dan.

Papa se dégonfla de nouveau, donna un coup de pied dans les moellons et se dirigea vers la maison.

— Trop de sable !, répéta-t-il.

VII
D'une classe à l'autre

Maman considérait ses enfants comme une douzaine d'individus différents, ayant chacun leur personnalité et qui pourraient être amenés à faire séparément leur chemin dans le monde. Papa, lui, les considérait comme un ensemble qu'il fallait élever selon un plan unique. Ce qui était bon pour Anne, pensait-il, serait bon aussi pour Ernestine, pour Bill et pour Jack.

Sauter des classes, au collège, faisait partie du plan de Papa. « Est-il nécessaire, pour nos enfants, disait-il, d'être retardés par un système scolaire prévu pour des enfants nés de parents ordinaires ? »

Aussi faisait-il périodiquement des visites-surprises dans nos écoles pour savoir si et quand nous pouvions monter d'une classe. Á cause de son programme d'entraînement méthodique à la maison, de ses devinettes d'orthographe, de ses colles de géographie, d'arithmétique ou de langues vivantes, nous étions en effet quelquefois prêts à passer une classe. Jamais autant cependant que Papa le pensait.

La récompense standard était une bicyclette neuve.

Normalement aucun de nous n'aimait changer de classe, ce qui signifiait qu'il fallait se faire de nouveaux amis et commencer par traîner à la queue jusqu'à ce que l'on eût rattrapé le courant du travail. En revanche, la perspective de la bicyclette était un grand stimulant et aussi la crainte que l'un de nos cadets, frère ou sœur, ne sautât une classe avant nous et ne vînt atterrir dans la nôtre. C'eût été là une disgrâce suprême !

Quand il devenait évident que parmi les plus jeunes il y en avait qui étaient sur le point de passer à l'échelon supérieur, une ardeur frénétique s'emparait des aînés qui voulaient être capables, eux aussi, de le faire.

Maman voyait bien les inconvénients du système. Elle savait que, si nous étions avancés pour notre âge en telle ou telle matière, nous n'étions que dans la moyenne, ou au-dessous, pour d'autres plus essentielles, l'autorité, par exemple, ou le sens social. Mais elle savait aussi que Papa, qui avait passé la cinquantaine, voulait obtenir le maximum de sa « douzaine » avant de mourir.

Les enfants qui rapportaient de bonnes notes étaient complimentés et récompensés.

— Bon chien chasse de race ! s'écriait Papa. C'est le plus jeune de sa classe et il ne rapporte que des « très bien ». J'étais toujours moi aussi le premier et c'était moi qui étais choisi chaque année pour dessiner la dinde sur le tableau noir le jour du Thanks-giving. Je n'étais mauvais qu'en orthographe, je n'ai jamais su l'orthographe avant d'être une grande personne. Je disais toujours aux professeurs que je pourrais plus tard me payer une équipe de secrétaires pour mettre l'orthographe à ma place !

Et il se renversait, riant aux éclats. Nous ne pouvions jamais discerner si c'était de la forfanterie ou s'il nous taquinait.

Ceux qui rapportaient une mauvaise note devaient travailler l'après-midi sous la surveillance des aînés et celle de Papa et de Maman. Mais Papa nous grondait rarement pour ce genre de choses. Il était convaincu que nos mauvaises notes ne provenaient que d'une erreur de jugement des professeurs.

— Cette femme ne sait pas son métier ! grommelait-il, s'adressant à Maman. Elle s'imagine prendre en défaut un de mes enfants, quand elle n'a même pas le bon sens de reconnaître un élève intelligent d'un crétin !

Lorsque nous arrivâmes à Montclair, nous inscrire dans les écoles publiques fut une des premières tâches marquées sur la liste. Papa embarqua sept d'entre nous dans la Pierce Arrow et nous partîmes.

— Suivez-moi sur le sentier de guerre ! nous dit-il. Ça va être très amusant. Nous allons faire irruption dans l'antre de la science. Faites attention, c'est l'une des plus importantes expériences de votre vie. Tirez-en le maximum. Ouvrez vos yeux et vos oreilles, et laissez-moi faire.

Le premier arrêt fut pour Nishuane, l'école élémentaire, une imposante et rébarbative construction de briques rouge foncé. Deux portes s'ouvraient sur la façade. Sur l'une on pouvait lire « Garçons », sur l'autre « Filles ».

— Frank, Bill, Lill et Fred, voici votre école, annonça Papa. Venez, et n'ayez pas l'air d'un troupeau qu'on mène à l'abattoir. Tenez-vous droits et remuez-vous un peu.

Nous obéîmes d'assez mauvais gré.

— Venez aussi, les grandes filles. Ça fera mieux.

— Oh ! non, Papa.

— Qu'est-ce que cela veut dire ? Venez.

— Ce n'est pas notre école !

— Je le sais, mais autant leur montrer ce qu'est une vraie famille. Je me demande si je n'ai pas le temps de retourner à la maison pour prendre Maman et les bébés.

Il n'en fallait pas plus pour que les filles sautassent vivement hors de la voiture.

Comme nous aprochions de la porte marquée « Garçons », elles se détachèrent pour se diriger de l'autre côté.

— Où allez-vous donc ? demanda Papa.

— La porte des filles est par là.

— Quelle sottise ! Nous n'avons pas à nous plier à des règlements stupides. Á quoi veulent-ils en venir ? Enrégimenter les enfants ?

— Chut ! Papa, on va t'entendre.

— Et puis après ? Ils vont m'entendre d'ici peu, de toute façon !

Nous entrâmes donc tous par la porte des garçons. Les classes étaient commencées et nous pouvions voir les élèves qui nous regardaient à travers les portes ouvertes pendant que nous suivions le couloir qui menait au bureau de la principale. Elle parut, un peu haletante, à la porte.

Papa s'inclina, un sourire fleuri sur les lèvres.

— Bonjour, madame, ce n'est qu'une invasion des Gilbreth ! Une invasion partielle, j'entends, puisque j'ai laissé la plupart d'entre eux à la maison, avec leur mère. Quelle belle matinée, n'est-ce pas ?

La dame sourit :

— Superbe.

La principale de Nishuane était une vieille dame presque aussi rebondie que Papa, mais bien plus courtaude. Elle avait la voix la plus suave des États de Middle Atlantic. C'était probablement une très gracieuse et très aimable personne, mais elle était « la principale » et elle nous épouvantait. Nous tous, excepté Papa.

— Bonjour, madame, répéta Papa avec une nouvelle révérence. Je suis Gilbreth.

— Bonjour, monsieur, j'ai entendu parler de vous.

Papa nous désigna de la tête.

— Il n'y en a que quatre pour vous là-dedans. Je n'ai amené les trois autres que pour que vous ayez une idée plus juste de la moisson que nous faisons pousser. Des têtes rousses principalement, quelques-unes blondes. Toutes des taches de rousseur.

68

— En effet ! Eh bien, je vais m'occuper de tout, Mr. Gilbreth. Je suis charmée que vous soyez passé par ici.

— Minute ! dit Papa. Je ne suis pas venu en passant. Je voudrais connaître leurs professeurs et savoir dans quelles classes ils vont entrer. Rien ne me presse, j'ai arrangé mes rendez-vous de façon à pouvoir vous consacrer toute la matinée.

— Je serai enchantée de vous présenter aux professeurs, Mr. Gilbreth. Quant aux classes dans lesquelles on les mettra, cela dépend de leur âge.

— Minute, minute ! madame. Cela dépend de leur âge, certainement, mais de l'âge de leur esprit. Viens ici, Bill. Quel âge as-tu ? Huit ans ?

Bill fit signe que oui.

— Dans quelle classe faites-vous habituellement entrer les élèves de huit ans ?

— La troisième, dit la principale.

— Je désirerais qu'il fût en cinquième.

— Mettons la quatrième, consentit la principale.

Mais on voyait bien qu'elle était battue.

— Madame, reprit Papa, savez-vous quelle est la capitale de la Colombie ? Savez-vous quelle est la population de Des Moines, d'après le recensement de 1910 ? Je sais que vous le savez puisque vous êtes principale, mais Bill que voilà le sait aussi. Mon petit Jackie le sait aussi, mais j'ai dû le laisser à la maison, c'était l'heure de son biberon...

— En cinquième, dit la principale.

*

Outre les cérémonies de nos inscriptions, il y avait les visites-surprises qui nous terrifiaient parce que Papa semblait faire exprès de violer tous les règlements. Il entrait par les portes marquées « sortie », il montait par les escaliers marqués « descente », et il lui arrivait de garder son chapeau sur la tête dans les couloirs. Pour l'un ou l'autre de ces méfaits, un enfant pouvait être consigné pendant huit jours, mais pour les trois à la fois, on pouvait l'envoyer dans une école de redressement jusqu'à ce que la barbe lui tombât sur les genoux. Pourtant les professeurs semblaient toujours se réjouir des visites de Papa et de l'attention qu'il leur prêtait. Les principales, même celle de Nishuane, lui couraient toujours après pour qu'il prît la parole aux réunions de leur école.

— Si vous aviez seulement la moitié de l'intelligence et des bonnes manières de votre père et de votre mère ! nous disaient les maîtres lorsqu'ils étaient mécontents de nous.

Quelquefois Papa surgissait brusquement, le sourire fendu d'une oreille à l'autre, juste au milieu du salut aux couleurs.

Même les petits du jardin d'enfants savaient qu'il était impitoyablement défendu d'entrer pendant le salut aux couleurs. Aucun élève n'aurait osé transgresser cette loi, fût-ce pour crier au feu, pour annoncer un cyclone ou la peste noire. Cependant Papa était là ! Le sol tremblait sous nos pieds, dans l'attente d'une Miss Billsop sortant ses griffes et bondissant. Au contraire, Miss Billsop tournait vers lui un visage souriant. Et Papa saluait le drapeau lui aussi, et sa voix de basse dominait toutes les autres : « Une seule nation indivisible avec la liberté et la justice pour tous. »

Personne n'ignorait à l'école que la prière suivait le salut aux couleurs et que, après « justice pour tous », nous devions nous asseoir, incliner la tête sur nos pupitres et fermer les yeux en attendant que le professeur commençât : « Notre Père qui êtes aux Cieux... » Mais Papa était là !

— Bonjour, Miss Billsop, disait-il.

— Alors, Frank junior ? Je vois que tu te caches derrière ton livre ! C'est une surprise, hein ? Salut, les moutards, excusez-moi de vous interrompre, je suis le père de Frank junior. Je ne vous prendrai pas longtemps votre professeur, elle va pouvoir bientôt continuer une de ces leçons que vous aimez tant !

La classe entière riait, et Papa riait aussi. Il aimait réellement les gosses.

— Comment cela marche-t-il avec Frank, Miss Billsop ? (Une fois il se trompa et l'appela Milksop ; le lendemain il lui envoya une douzaine de roses pour s'excuser.) Qu'est-ce que vous en dites ? Suit-il bien ? A-t-il besoin de travailler davantage à la maison ? Vous faites de la bonne besogne avec lui et il parle de vous à tout bout de champ. Croyez-vous qu'il puisse passer dans la classe au-dessus ? S'il ne se conduit pas comme il faut, dites-le-moi.

Papa écoutait Miss Billsop quelques minutes, nous faisait un petit clin d'œil et se précipitait hors de la salle de classe pour aller dans une autre où il y avait aussi un enfant Gilbreth.

Miss Billsop souriait encore en se retournant vers nous.

— Maintenant, mes enfant, inclinons la tête, fermons les yeux, et récitons le « Notre Père ».

Nous attendions anxieusement la récréation, sachant que nous aurions à nous battre si n'importe qui avait l'audace de suggérer que Papa était gros ou qu'il ne savait même pas le règlement de l'école aussi bien qu'un petit du jardin d'enfants. Mais au contraire, un ou deux de nos camarades s'approchait timidement pour nous dire :

— Eh bien, ton père est un fameux lapin ! Il n'a peur de rien !

Nous essayions bien de faire comprendre à Papa que ses apparitions intempestives étaient un peu gênantes.

— Gênantes ! s'écriait-il, vexé. Qu'est-ce que cela a de gênant ?

Puis il nous donnait une bourrade et ajoutait :

— Après tout, c'est peut-être bien un peu gênant pour moi aussi, en effet, mais il faut apprendre à ne pas le montrer. Le reste n'a aucune importance. Ce qui est important, c'est que mes visites donnent des résultats. Les professeurs les avalent bien !

Ils les avalaient, il n'y avait pas de doute à cela !

Comme Papa n'allait à l'église que lorsque l'un de nous était baptisé, c'est-à-dire une fois par an, c'était Maman qui devait s'occuper de nous faire inscrire au cours d'instruction religieuse. Papa disait qu'il croyait en Dieu mais qu'il ne pouvait pas supporter les prêtres.

— Ils me tapent sur les nerfs ! prétendait-il. Montrez-moi un homme fort en gueule, roulant les prunelles, avec un gros derrière et une tête vide, et je vous montrerai un prédicateur !

Papa était allé une fois en Europe sur un paquebot qui transportait une délégation de clergymen. C'était au cours de cette traversée qu'il avait accumulé l'essentiel de ses griefs contre les ecclésiastiques.

— Ils monopolisaient toute la conversation pendant le dîner ! disait-il.

Et il était évident que c'était surtout ce péché-là qu'il ne pourrait jamais leur pardonner.

— Ils se tiraient de toutes les discussions en s'abritant derrière l'autorité de Jéhovah, ajoutait-il. Mille fois par jour, pendant huit misérables jours consécutifs, et qu'il fût question de n'importe quoi, on me demandait de m'en remettre au Seigneur! Et une stewardess m'a raconté qu'on lui avait tant de fois pincé les fesses entre Hoboken et Liverpool, qu'elle ne pouvait plus s'asseoir!

Papa croyait cependant à l'utilité de l'instruction religieuse parce qu'il estimait que tout le monde doit avoir une certaine connaissance de la Bible.

— L'homme qui réussit a des notions de tout, disait-il.

Ils nous conduisait donc avec Maman à l'École du Dimanche, mais il restait assis dans la voiture, à lire le *New York Times*, peu soucieux des regards choqués que lui jetaient en passant les fidèles.

— Tu pourrais au moins entrer quand c'est chauffé! lui disait Maman. Tu vas attraper la mort à rester dehors.

— Non, répliquait Papa. Quand je me trouverai en face de mon Créateur, je veux pouvoir lui dire que je l'ai prié de mon propre gré sans que neige, glace ou frimas m'aient arrêté, et sans l'aide d'aucun petit collet ni d'aucune soutane.

— Tu pourrais quand même mettre la voiture un peu moins en vue.

— Tous les regards de la chrétienté ne me feront pas reculer! D'ailleurs, je parie que, comme ça, la moitié de la ville prie pour le salut de mon âme.

Papa affirmait que l'unique religion à laquelle il pourrait se convertir serait la religion catholique.

— C'est la seule qui me donnerait une foi suffisante pour soutenir une telle famille, disait-il. En outre, la plupart des curés que j'ai connus ne me semblaient pas se servir trop subrepticement de leurs doigts.

— Comme ça ? demanda Ernestine, pinçant Anne là où elle avait coutume de s'asseoir.

— Ne fais pas cela, dit Maman choquée.

Et elle se tourna vers Papa.

— Il faut que tu commences à faire attention aux histoires que tu racontes devant les enfants ! Rien ne leur échappe.

— Plus tôt ils sauront ce qu'il faut connaître des prêcheurs, mieux ce sera. Préférerais-tu qu'elles ne puissent plus s'asseoir ?

Quoique Maman proclamât toujours qu'elle aimait aller à l'église, elle préférait généralement rentrer avec nous aussitôt le cours fini.

— Que fais-tu, Lillie ? lui demandait Papa. Restes-tu un petit moment ? Je puis ramener les enfants et revenir te chercher.

— Non, vraiment, pas ce matin.

— Il ne te suffira jamais, pour passer devant saint Pierre, d'être allée à l'École du Dimanche !

— Je serais trop malheureuse d'être au Ciel sans toi, mon ami, répondait Maman en souriant. Allons, rentrons, j'irai à l'église dimanche prochain.

En dépit de cela, Maman s'occupait activement des cours d'instruction religieuse ; elle ne faisait pas de classes mais elle était membre de nombreuses œuvres. C'est ainsi qu'elle fut appelée à demander à une nouvelle venue à Montclair de faire partie d'un comité qui recueillait des fonds de charité.

— Je serais heureuse de le faire, répondit la dame, mais j'ai trois petits garçons et je ne m'en sors pas. Je suis sûre que, si vous aviez vous-même un garçon, vous vous rendriez compte du mal que cela donne.

— Naturellement, dit Maman, je vous comprends et je n'insiste pas.

— Avez-vous des enfants, Mrs. Gilbreth ?

— Oh ! oui.

— Des garçons ?

— Justement.

— Puis-je vous demander combien ?

— Certainement. J'en ai six.

— Six garçons ! gémit la dame. Une famille de six enfants !

— Oh ! la famille est plus nombreuse que cela. J'ai également six filles.

— Je me rends, murmura la nouvelle venue. Quand est la prochaine réunion du Comité ? J'y serai, Mrs. Gilbreth, j'y serai.

*

L'un des professeurs de l'École du Dimanche, une Mrs. Bruce, possédait la plus nombreuse famille après la nôtre à Montclair. Elle avait huit enfants, plus âgés que nous pour la plupart. Le mari avait très bien réussi dans les affaires et ils habitaient une grande maison, à environ deux milles de la nôtre. Maman et Mrs. Bruce étaient devenues de grandes amies.

Un certain jour, une femme de New York, affiliée à je ne sais quelle organisation nationale pour le contrôle des naissances, vint à Montclair créer une filiale. Elle s'appelait Mrs. Alice Mebane ou quelque chose comme cela. Cette femme se renseigna parmi ses relations pour tâcher de savoir qui, à Montclair, serait favorable à un mouvement malthusien. Par plaisanterie, on l'envoya à Mrs. Bruce.

— Je serais enchantée de vous aider, répondit l'amie de Maman, mais j'ai plusieurs enfants moi-même.

— Oh ! je ne m'en doutais pas le moins du monde, dit Mrs. Mebane. Combien en avez-vous ?

Mrs. Bruce resta dans le vague.

— Plusieurs, et je pense que je ne suis pas la personne rêvée pour diriger à Montclair une association du contrôle des naissances.

— Vous avez tout à fait raison. Nous savons ce que nous voulons, et mettons en pratique ce que nous recommandons.

— Mais je connais exactement la personne qu'il vous faut, continua Mrs. Bruce. De plus, elle possède une grande maison, ce qui serait l'idéal pour vos réunions.

Mrs. Mebane s'exclama :

— C'est justement ce que nous cherchons. Quel est le nom de cette personne ?

— Mrs Frank Gilbreth. Elle a un grand sens social et elle sort de l'Université.

— De mieux en mieux ! Le sens social, universitaire, et, ce qui n'est pas moins important, une grande maison. Autre chose, mais je suppose que c'est trop demander. Cette dame aurait-elle par miracle, l'esprit d'organisation ? Vous voyez ce que je veux dire. Est-ce quelqu'un qui peut prendre une chose en main et la mener à bien ?

Mrs. Bruce se régalait.

— On dirait que vous la décrivez comme si vous la connaissiez !

Mrs. Mebane se tordait les mains d'extase.

— C'est presque trop beau pour être vrai ! Puis-je me recommander de vous et dire à Mrs. Gilbreth que je viens de votre part ?

— Mais naturellement, je vous en prie. Je serais même désolée que vous ne le fissiez pas.

— Et, surtout, ne croyez pas que je vous en veuille d'avoir des enfants ! dit en riant Mrs. Mebane. Après tout, cela arrive à beaucoup de personnes.

— Sans qu'elles y prennent garde, conclut Mrs. Bruce.

L'après-midi que Mrs. Mebane vint à la maison, nous étions tous, comme d'habitude, ou dans nos chambres du second, ou en train de jouer dans la cour de derrière. Mrs. Mebane se présenta elle-même à Maman.

— C'est à propos du contrôle des naissances, lui dit-elle.

Maman rougit.

— De quoi s'agit-il ?

— On m'a dit que vous pourriez vous y intéresser.

— Moi ?

— Je m'en suis entretenue avec votre amie Mrs. Bruce et elle a paru s'y intéresser elle-même.

— N'est-ce pas un peu tard pour elle ? demanda Maman.

— Je vois ce que vous voulez dire, Mrs. Gilbreth. Mieux vaut tard que jamais, n'est-il pas vrai ?

— Mais elle a huit enfants ! dit Maman.

Mrs. Mebane pâlit et secoua la tête.

— Mon Dieu ! ce n'est pas vrai ?

Et comme Maman lui affirmait que oui :

— C'est effrayant, continua-t-elle, elle m'a pourtant paru tout à fait normale. Elle n'a pas du tout l'aspect d'une femme qui a eu huit enfants.

Maman concéda :

— Elle s'est conservée très jeune.

— Ah ! il y a du travail sur la planche ! soupira Mrs. Mebane. Pensez donc, elle vit ici, à dix-huit milles de notre quartier général national de New York pour la limitation des naissances, et elle a huit enfants ! Vraiment, il y a une bonne besogne à accomplir, Mrs. Gilbreth, et c'est pourquoi je suis ici.

— Quelle sorte de besogne ?

— Voilà : nous aimerions que vous fussiez l'inspiratrice à Montclair de notre mouvement.

Arrivée à ce point de la conversation, Maman pensa que la situation était trop comique pour que Papa la manquât et qu'il ne lui pardonnerait jamais de ne pas l'en avoir fait profiter.

— Il faut que j'en parle à mon mari, dit-elle. Excusez-moi un instant, je vais le chercher.

Elle sortit pour aller trouver Papa, lui expliqua l'histoire en deux mots, puis l'amena au salon et le présenta.

— Quel plaisir de faire la connaissance d'une femme qui se dévoue à une si noble cause ! dit-il.

— Je vous remercie, monsieur. Et c'est un plaisir rare également de rencontrer un homme qui trouve cette cause noble. En général, je trouve les hommes moins sympathiques à notre dessein que leurs femmes.

Vous seriez surpris de ce qu'il m'est arrivé d'entendre dans la bouche de certains d'entre eux.

— J'adore les surprises, dit Papa en clignant de l'œil. Et qu'est-ce que vous leur répondez ?

— Si vous aviez vu, comme moi, des femmes, encore relativement jeunes, vieillies avant l'âge par la venue d'enfants qu'elles ne désiraient pas ! Et les statistiques de démographie montrent... Mais que faites-vous, Mr. Gilbreth ?

Ce que Papa faisait, c'était siffler le rassemblement.

Dès les premières notes, ce fut un piétinement sourd à tous les étages, des portes qui claquaient, une avalanche dans l'escalier, et notre entrée en trombe au salon.

— Neuf secondes, dit Papa, remettant le chronomètre qu'il avait tiré de son gousset. Trois de plus que le record.

— Grand Dieu ! s'écria Mrs. Mebane, qu'est-ce que c'est ? Répondez-moi. Une école ? Oh... ! non, est-ce que... Mais oui, mon Dieu ! c'est cela !

— Cela quoi ? demanda Papa.

— Vos enfants ! N'essayez pas de nier. Ils sont votre portrait tout craché et celui de votre femme.

— J'allais vous les présenter, dit Papa. Mrs. Mebane, permettez-moi de vous nommer à ma famille... ou du moins à ses principaux membres. Il me semble qu'il doit y en avoir encore quelques autres ici ou là.

— Doux Jésus !

— Combien d'enfants avons-nous maintenant, Lillie ? T'en souviens-tu ?

— La dernière fois que je les ai comptés, il me semble qu'il y en avait une bonne douzaine. Il se peut que j'en aie oublié un ou deux, mais pas plus.

— Je crois en effet que douze doit être l'estimation exacte, dit Papa.

— Quelle honte ! Et à dix-huit milles de notre quartier général !

— Nous allons prendre un peu de thé, dit Maman.

Mais Mrs. Mebane enfilait son manteau.

— Ma pauvre ! gloussa-t-elle, à l'adresse de Maman. Ma pauvre, pauvre enfant !

Elle se tourna vers Papa.

— Il me semble que les gens de cette ville m'ont fait marcher à deux reprises cette après-midi...

— C'est révoltant, dit Papa, et à dix-huit milles de votre quartier général, encore !

VIII
On va embrasser la famille

Le jour que les États-Unis entrèrent dans la Première Guerre mondiale, Papa envoya un télégramme ainsi conçu au président Wilson :

« Arrive Washington train 7 h 3 du soir. Si vous ne savez pas comment m'utiliser, je vous le dirai. »

Cette généreuse initiative allégea-t-elle ou non le fardeau qui pesait sur les épaules inquiètes de Mr. Wilson, Papa ne le tira jamais entièrement au clair. En tout cas, on l'attendait à la gare et on le conduisit au ministère de la Guerre. Quand nous le revîmes, il était en uniforme avec la mission d'étudier l'économie des mouvements nécessaires pour monter et démonter les mitrailleuses Lewis et autres armes automatiques. Il était probablement le plus ras tondu de toute l'armée américaine et, quand il entrait dans le salon et criait : « Fixe », il voulait entendre nos talons claquer.

Maman projetait depuis plusieurs années de nous emmener tous en Californie, dans sa famille. Quand Papa fut envoyé en garnison à Fort Sill, dans l'Oklahoma, l'occasion lui sembla favorable.

La famille de Maman était distinguée et fort à son aise. Elle-même était l'aînée de neuf enfants dont trois seulement étaient mariés ; les six autres, deux frères et quatre sœurs, habitaient avec leurs parents une grande maison, 426, 29e Rue, à Oakland. La maison était entourée de palmiers, de magnifiques jardins et de dépendances, cachées mais importantes, dans lesquelles chacun des membres de la famille abritait sa petite manie individuelle. Il y avait une salle de billard, une antenne de radio, des serres, un pigeonnier et un élevage de cochons pour concours agricole.

Les Moller avaient trois Packard, un chauffeur français répondant au nom de Henriette, un jardinier, un cuisinier chinois et une femme de chambre à chaque étage. Cependant, en dépit de leurs gros revenus, ils s'arrangeaient pour mener une vie simple. C'étaient des gens paisibles, tout occupés de leur vie intérieure et d'opinions conservatrices. Ils élevaient rarement la voix et ne s'adressaient jamais les uns aux autres qu'en disant : « Chère Eleanor, chère Mabel, chère Gertrude », etc. Maman était « chère Lillie ».

C'était la seule de la famille qui eût quitté la Californie. Quand elle était partie de chez elle, elle était alors aussi renfermée et conservatrice, peut-être même plus timide et plus studieuse, que tous les autres. En dix ans elle avait eu sept enfants et était devenue une conférencière recherchée. Son nom paraissait souvent dans les journaux. En vérité, les Moller ne savaient plus du tout que faire de « chère Lillie ». Mais ils savaient qu'ils l'aimaient.

Bien avant notre voyage en Californie, nous étions déjà au courant de tout ce que contenait la propriété d'Oakland et des habitudes de ses hôtes, parce que Maman aimait nous parler de son enfance. Nous connaissions tout de la maison, jusqu'au miroir entier de la porte du hall que ses jeunes sœurs ouvraient selon l'angle voulu pour épier la tactique que Papa employait en faisant sa cour. A entendre ce qu'elle en disait et ce qu'elle rapportait des traits d'esprit de Papa sur le sofa, nous nous demandions ce qu'avaient pensé les parents de Maman quand il était venu la première fois pour faire sa demande. Il avait connu Maman à Boston un an avant environ, au départ du tour d'Europe chaperonné qu'elle faisait avec quelques autres jeunes filles d'Oakland. Le chaperon, qui se trouvait justement être un cousin de Papa, l'avait présenté à toutes les jeunes filles, mais, lui avait choisi Miss Lillie pour faire pleuvoir sur elle toutes ses attentions.

Il l'avait emmenée faire une promenade dans sa première automobile, une aïeule primitive de « Foolish Carriage ». Tous deux, enveloppés de cache-pousssière et portant des lunettes de chauffeur, parcoururent à toute allure les rues de Boston, et les passants les agonirent de sottises :

— Prenez un cheval, prenez un cheval !

Papa était sur le point de leur retourner leurs sarcasmes, mais il se retint. Il était déjà amoureux de Maman et voulait lui faire bonne impression. La réserve et la distinction de Miss Lillie avaient sur lui un effet calmant et il déployait ses manières les plus courtoises.

— Prenez un cheval... Vous en avez vingt-trois de trop !

C'était plus que Papa ne pouvait en supporter, cependant il ne dit rien encore.

— Et alors, Noé, qu'est-ce que vous faites avec cette arche ?

Cette fois, la mesure déborda. Papa ralentit, pencha dangereusement sa casquette sur l'un de ses yeux.

— Je recueille les animaux, comme le Seigneur me l'a ordonné, cria-t-il. Il ne manque plus qu'une bourrique, montez donc !

Après cela, Papa décida que ce qu'il avait de mieux à faire était de rester lui-même et son caractère orageux et prompt au rire fit bientôt oublier à Maman sa timidité. Elle rit presque aussi fort et presque aussi longtemps que Papa lui-même à ses plaisanteries.

Comme d'habitude, la voiture ne tarda pas à tomber

en panne. Une nuée d'enfants l'entoura. Maman les empêcha de souffler dans le cou de Papa et contint leur curiosité en leur racontant des histoires. Quand tout fut rentré dans l'ordre et la voiture remise en marche, Papa demanda à Maman comment elle s'y était prise pour tenir les enfants en respect.

— Je leur ai raconté des histoires d'*Alice au pays des merveilles*. J'ai huit petits frères et sœurs et je sais ce que les enfants aiment.

Papa s'exclama :

— *Alice au pays des merveilles* ! Vous croyez que les enfants aiment vraiment cela ? Il doit y en avoir qui sont différents de ce que j'étais moi-même lorsque j'étais petit. Je n'ai jamais pu m'y intéresser.

— Naturellement, ils aiment ça. Ils adorent ça. C'est un classique que tout le monde doit connaître.

— Puisque vous le dites, Miss Lillie, répondit Papa qui s'était déjà mis dans la tête qu'elle serait Mrs Gilbreth, je vais le lire.

Maman partit pour l'Europe. Quand elle revint, Papa la suivit jusque sur la côte du Pacifique.

Dès qu'il fut à Oakland, il téléphona chez les Moller.

— Allô, dit-il, qui croyez-vous que cela puisse être ?

— Je n'en ai pas idée.

— Devinez.

— Je suis désolée, mais je ne vois pas...

— Si, vous savez qui c'est, dit Papa qui, entre-temps, avait lu le livre que Maman lui avait recommandé, c'est le lapin blanc de Boston.

— Le qui ?

— Le lapin blanc de Boston.

— Oh ! j'y suis. Vous voulez certainement parler à une de mes filles...

— Bon Dieu ! s'écria Papa, qui ne cessa de jurer qu'après son mariage, qui est à l'appareil ?

— Je suis Mrs. Moller. A qui désirez-vous parler ?

— Pourrais-je, s'il vous plaît, parler à Miss Lillie, demanda Papa humblement.

— De la part de qui ?

— Voulez-vous dire monsieur Lapin, monsieur B. Lapin de Boston.

Quelques jours plus tard, Papa était invité à prendre le thé chez Maman pour faire la connaissance de son père et de sa mère et de la plupart de ses frères et sœurs.

Un ouvrier maçon était justement en train de construire une nouvelle cheminée dans le living-room quand Papa le traversa et il s'arrêta pour regarder l'homme qui posait des briques.

— Voici un travail agréable, dit-il, sur le ton de la plus ordinaire conversation. Poser des briques, cela me semble facile, rudement facile. Je ne comprends pas pourquoi les ouvriers disent toujours que c'est un ouvrage délicat. Je parie que tout le monde pourrait le faire.

— C'est tout droit, Mr. Gilbreth, dit le père de Maman. Nous prendrons le thé sous le porche.

Papa ne se pressait pas de le suivre.

— Il me semble, continua-t-il avec son accent nasillard de la Nouvelle-Angleterre, qu'il n'y a qu'à prendre une brique, à étaler un peu de mortier dessus et à la placer dans le foyer.

L'ouvrier se retourna pour jeter un coup d'œil à ce gros type prétentieux et bien habillé qui arrivait de l'Est.

— Sans vous offenser, mon brave, ajouta Papa, avec son sourire le plus protecteur.

— Bien sûr, bien sûr, dit l'ouvrier furieux. Ça paraît simple comme bonjour, n'est-ce pas ? Voulez-vous essayer, monsieur ?

Papa, qui n'attendait que cela, déclina l'offre. Maman le tirait par la manche et s'agitait.

— Le porche est droit devant vous, répéta son père.

Mais l'ouvrier insistait.

— Tenez, dit-il, en tendant une truelle, essayez donc !

Papa sourit et saisit la truelle. Il attrapa une brique, la posa sur sa main, étala le mortier d'un seul mouvement circulaire, plaça la brique, gratta les bavures du mortier, prit une nouvelle brique et il allait l'enduire de mortier quand l'ouvrier lui retira l'outil.

— Ça suffit, mon vieux, s'écria-t-il, donnant à Papa une tape amicale dans le dos. Vous avez beau venir de l'Est et être bien fringué, vous avez déjà posé des milliers de briques dans votre vie. Et ne me dites pas que ce n'est pas vrai !

Papa s'essuya les mains avec un mouchoir immaculé.

— C'est simple comme bonjour, mon brave, répétat-il.

Pendant le thé, Papa se conduisit tout à fait correctement. Mais il paraît que certaines autres fois il lui arrivait d'interrompre ses futurs beaux-parents au milieu d'une phrase, de se lever et de soulever sa fiancée de sa chaise.

— Excusez-moi un instant, leur disait-il, mais je pense que Miss Lillie fera plus décoratif là-dessus.

Il emportait Maman et il l'asseyait sur le haut d'une bibliothèque ou d'un cabinet chinois, et retournait s'asseoir.

Maman avait peur de bouger et de perdre l'équilibre et elle restait là où il l'avait placée, tout en essayant de conserver sa dignité. Papa reprenait tranquillement la conversation.

Nous n'ignorions pas non plus que la première fois qu'il avait été invité à passer le week-end chez les Moller, Papa s'était jeté comme une masse sur son lit qui s'était écroulé et dont le baldaquin à glands avait failli l'étouffer.

— Les horreurs que votre Papa a pu hurler avant que mon père et votre oncle Fred l'aient sorti de tous ces glands ! disait Maman avec un petit sourire. Je vous assure que cela faisait notre éducation, à nous les filles, et même aux garçons. Grâce à Dieu, votre père a cessé de parler comme cela.

— Et qu'est-ce que ta famille pensait vraiment de lui, mais là, vraiment ?

— Je n'ai jamais pu comprendre pourquoi, répondait Maman, en regardant du coin de l'œil Papa qui buvait du lait, mais ils le trouvaient absolument merveilleux. Ma mère disait qu'il faisait comme un souffle d'air frais quand il traversait une pièce, et mon père que l'affaire des briques n'avait pas du tout été faite pour nous en mettre plein la vue, mais simplement pour nous faire comprendre qu'il avait débuté en gagnant sa vie par son propre travail.

— Est-ce que c'est bien ce que tu avais voulu faire comprendre, Papa ? lui demandions-nous.

— Je n'ai rien voulu faire comprendre du tout,

s'écriait Papa. Personne un peu au courant des choses de la Nouvelle-Angleterre n'ignore que les Bunker et les Gilbreth ou Gailbraith descendent tout droit, par le Gouverneur Bradford, du May Flower. Je n'ai rien voulu faire comprendre du tout.

Et comme nous insistions :

— Mais pourquoi as-tu posé des briques ?

— Beaucoup de gens qui entrent dans un salon, répondit Papa, aiment s'asseoir au piano et faire sensation en jouant du Bach. Moi, quand j'entre dans un salon, j'aime poser des briques, c'est tout.

*

Nous étions sept enfants dans la famille quand nous partîmes pour la Californie. Fred, qui était un bébé, eut le mal de mer dans le train depuis les chutes du Niagara jusqu'à Golden Gate. Lill, la plus jeune après lui, s'était cassé quelque chose dans le pied trois semaines auparavant et fut obligée de rester étendue sur sa couchette. Maman attendait un autre bébé trois mois plus tard et ne se sentait pas trop à son aise non plus.

Retourner avec ses enfants chez ses parents était une chose plus importante pour Maman qu'aucun de nous ne le comprenait réellement. Elle était soucieuse de nous montrer sous notre meilleur jour et que sa propre famille fût satisfaite de nous.

Elle ne cessait de nous dire :

— Je sais que vous allez être sages et tranquilles et obéir à vos grands-parents, à vos tantes et à vos oncles. N'oubliez pas qu'ils vous aiment beaucoup ; n'oubliez pas non plus qu'ils ne seront pas habitués à avoir tant d'enfants autour d'eux. Je suis certaine qu'ils vous témoigneront beaucoup d'affection, mais ils ne sont pas accoutumés au bruit et à ce qu'on tourne sans arrêt autour d'eux.

Maman avait dépensé beaucoup d'argent pour nous acheter des vêtements neufs et elle avait pensé qu'elle pouvait, en revanche, économiser sur nos frais de chemin de fer. Nous étions entassés, deux par couchette, dans un wagon-salon et deux compartiments. Elle avait emporté un réchaud à alcool et deux valises pleines de provisions, surtout des farines de céréales, et de biscuits. Nous prenions presque tous nos repas dans le wagon, ne nous transportant jusqu'au wagon-restaurant que dans les rares occasions où Maman cédait à nos récriminations et quand nous lui disions que nous aurions le scorbut si nous ne mangions que des conserves.

Elle passait la plus grande partie de son temps à essayer d'installer confortablement Lill et à chercher quelle était l'espèce de lait qui consentirait à rester dans l'estomac de Fred. Elle n'avait donc que peu de temps pour surveiller les autres, et nous en profitions pour errer d'un bout à l'autre du train, buvant aux différents réservoirs d'eau glacée, grimpant sur les couchettes et, en ce qui concernait Frank et Bill, faisant des cabrioles et chahutant dans les couloirs.

À chaque arrêt, Maman confiait à Anne le pied cassé et l'estomac à l'envers, et se précipitait dans la gare pour acheter du lait, des provisions ou de l'alcool solidifié. Nous, nous descendions nous dégourdir les jambes et voir si on avait accroché une nouvelle locomotive. Chaque fois que le train repartait, Maman insistait pour faire l'appel.

Après quatre jours de chemin de fer, sans bain d'aucune sorte, à l'exception de quelques coups d'éponge, nous n'étions pas précisément frais en arrivant en Californie. Maman, qui voulait que nous fussions à notre avantage en arrivant, avait prévu un astiquage individuel de chacun de nous par elle-même et de nous mettre des vêtements propres environ une heure avant que nous atteignissions Oakland.

Mais l'aîné de ses frères, l'oncle Fred, monta dans le train à Sacramento, et nous surprit dans le wagon-salon juste au milieu d'un repas. Les valises ouvertes étaient éparpillées un peu partout et une pile de couches traînait dans un coin. Le bébé, toujours au plus fort de son mal de mer, pleurait dans les bras de Maman. Le pied de Lill lui faisait mal, et elle pleurait ailleurs. Bill faisait des acrobaties sur une couchette. Il y avait des bols de bouillie au froment et des gâteaux secs sur une table à jeux, le wagon sentait le réchaud à alcool et pire.

Oncle Fred en plaisantait volontiers quand nous fûmes plus grands. « J'ai cru entrer au zoo », disait-il. Mais, sur le moment, rien ne trahit sa sensation.

— Chère Lillie, quel plaisir de te revoir ! dit-il seulement. Tu es magnifique, pas vieillie d'un jour.

— Oh ! Fred, Fred.

Maman posa le bébé, s'essuya les yeux en s'excusant, et sauta au cou de son frère.

— C'est ridicule de pleurer, n'est-ce pas ? Mais c'est une si grande chose pour moi de t'avoir là.

— Le voyage a été dur, je pense ?

Maman s'agitait déjà, mettant en ordre le salon.

— Je ne voudrais pas le refaire tous les jours, admit-elle. Mais c'est presque fini maintenant, et tu es là. Tu es mon premier avant-goût de la maison.

Oncle Fred se tourna vers nous.

— Soyez les bienvenus en Californie ! Ne me dites rien. Je peux nommer chacun de vous. Voyons, le bébé qui fait tout ce potin, c'est mon homonyme, Fred. Et là, c'est la petite Lill, bien sûr, avec son pied cassé, et Billy...

— Vous êtes juste comme nous vous imaginions, lui dit Martha en se pendant à sa main. Et nous, est-ce que nous sommes comme vous le pensiez ?

— Exactement, répondit-il, avec le plus grand sérieux. Jusqu'à la moindre tache de rousseur.

— J'espère que tu ne les imaginais pas dans cet état ! dit Maman, qui semblait tout heureuse maintenant. Tu vas emmener les garçons avec toi dans le wagon, et je vais essayer de rafraîchir un peu les filles. Je n'ai pas besoin de te dire que personne ne sera vraiment propre tant que je n'aurai pas pu les fourrer dans une baignoire.

Nous étions quand même sur notre trente-et-un et à peu près présentables quand nous arrivâmes enfin à Oakland. Les sœurs et les autres frères de Maman nous attendaient avec les trois limousines. Ce fut une belle arrivée et nous pensâmes que nos tantes étaient de l'espèce la plus embrasseuse du monde.

— Elles nous prennent pour des filles ! murmura Bill qui avait cinq ans et qui détestait être embrassé par qui que ce fût excepté par Maman, et encore dans l'intimité de son boudoir.

— Chère Lillie, quel bonheur de te voir, toi et tes chers enfants, répétaient-ils tous sans arrêt.

Chacun de nous avait son parrain ou sa marraine parmi les sœurs et les frères de Maman et ils s'efforçaient de reconnaître les leurs.

— Toi, ma petite Ernestine, viens avec moi, ma chérie, disait tante Ernestine.

— Viens, chère Martha, disait tante Gertrude, tu es la mienne.

— Donne-moi la main, cher Frank, disait tante Eleanor.

Billy murmura avec mépris :

— Cher ceci, et cher cela !

— Où est le cher Billy ? demandait tante Mabel.

— Justement ici, chère, reprit-il.

Mais lui, comme tout le monde, se sentait heureux et tout réchauffé par un tel accueil.

Les tantes nous conduisirent jusqu'aux voitures, auprès desquelles Henriette, guêtré de noir, et une casquette à bord rigide sous le bras, se tenait à un garde-à-vous impeccable. Oncle Frank et oncle Bill prirent le volant des deux autres véhicules.

Les voitures aux larges vitres nous parurent solennelles et luxueuses durant le trajet de la gare à la 29e rue et Henriette avait l'air de rester au garde-à-vous même quand il était assis. Nous nous demandions ce que Papa dirait d'Henriette. Certainement cette tenue impeccable n'est pas l'attitude la plus « efficace » pour conduire une automobile. N'importe qui, d'un clin d'œil, pouvait constater que la position était fatigante jusqu'à l'épuisement. Mais il n'y avait pas à dire, cela avait de la classe.

Frank et Bill commencèrent par baisser les vitres afin de pouvoir mettre la main dehors aux tournants, mais Anne et Ernestine leur firent signe.

— Le premier qui signale quoi que ce soit, recevra un coup de poing sur le nez, souffla Ernestine.

Le père et la mère de Maman, que nous appelions grand-papa et Grosie, nous attendaient sur le perron de la maison. C'était exactement des grands-parents de livre d'images. Grand-papa était grand, maigre et élégant, avec un col cassé, une cravate étroite et une douce moustache blanche. Grosie était petite et frêle avec des cheveux gris relevés et de souriants yeux marrons. Grosie nous embrassa en nous appelant « cher », grand-papa nous serra la main et nous dit que, tant que nous resterions chez lui, il nous emmènerait tous chaque jour dans un magasin de jouets et nous achèterait le joujou que nous voudrions.

— Vraiment, murmura Anne, c'est comme si nous avancions dans un conte de fée, avec nos marraines, et que tous les souhaits se réalisent.

— C'est exactement ce que nous voulons que ce soit pour les enfants de chère Lillie, dit Grosie. Voyons donc maintenant quel est votre premier souhait. Dites-le-moi et nous tâcherons de le satisfaire.

C'était facile. Après quatre jours de la cuisine de wagon de Maman, et quelques rares incursions au wagon-restaurant, ce dont nous avions le plus envie, c'était de bonnes choses à manger, d'un vrai repas fait à la maison.

— J'ai honte de le dire après tout le mal que Maman s'est donné en se battant avec le réchaud à alcool, dit Ernestine, mais nous mourons de faim.

— Si mon souhait à moi se réalisait, se hâta de dire Maman pour changer la conversation, nous serions

tous assis à l'instant même dans des tubs en train de nous laver et d'enlever la suie de nos cheveux.

Grosie annonça que nous aurions un gros repas dans environ une heure et demie et qu'elle ne voulait pas que nous nous coupions l'appétit.

— Que diriez-vous d'un petit en-cas à présent ? suggéra-t-elle. Puis d'un bon bain et ensuite du dîner ? Des gâteaux secs avec du lait, peut-être ? Je sais à quel point les petits enfants aiment les gâteaux secs, et nous en avons une énorme provision.

Rien que les mots de gâteaux secs nous coupèrent l'appétit et nous assurâmes que nous pouvions nous passer du léger en-cas et prendre le bain tout de suite.

— Quels amours d'enfants ! s'écria Grosie. Ils veulent que le souhait de leur chère maman se réalise tout de suite !

IX
Cuisine chinoise

Nous étions tellement sidérés par le confort et la bonne ordonnance de la maison Moller que nous en étions comme matés et que nous restions au maximum de notre sagesse. Mais c'était Maman la plus transformée de nous tous. Avoir retrouvé sa chambre de jeune fille semblait lui avoir ôté toute responsabilité et elle était redevenue simplement « une des demoiselles Moller ». Automatiquement, elle était retombée sous la dépendance de son père pour toute décision importante et sous la coupe de sa mère pour tout ce qui concernait les relations mondaines et les toilettes à porter. Elle paraissait avoir complètement oublié ce que c'était que l'analyse du mouvement, sa carrière et sa maisonnée du côté de l'Est. Sa principale préoccupation ne paraissait plus être que de savoir si ses parents avaient bien dormi, s'ils allaient bien et s'ils n'étaient pas dans un courant d'air.

— Chère maman, disait-elle, êtes-vous sûre que ce châle est assez chaud ? Laissez-moi monter vous en chercher un autre.

Maman semblait s'inquiéter tellement pour Grosie et grand-papa que nous les considérions avec terreur. En leur présence nous ne marchions que sur la pointe des pieds et ne parlions qu'à voix basse.

Le respect que nous avions pour Grosie fut singulièrement accru le lendemain de notre arrivée quand nous l'entendîmes faire à Maman une observation que celle-ci accepta comme si elle était encore une petite fille. Quiconque pouvait agir ainsi avec Maman devait être une personne très importante.

Cette observation lui avait été faite à propos d'une liste de six amis intimes de la famille que Grosie donna à Maman en lui suggérant d'aller leur faire une visite de politesse l'après-midi même.

— Croyez-vous que ce soit vraiment nécessaire, chère maman ?

— Je pense que ce serait aimable, chère.

— Comment faut-il m'habiller ?

— Je pense que la robe que vous aviez hier soir à dîner conviendrait parfaitement, chère Lillie.

Maman se mit en route pour sa tournée de visites et revint deux heures plus tard.

— Et voilà, dit-elle, entrant toute souriante dans le living-room. Dieu merci, la chose est faite. Cela ne m'a pas pris trop longtemps, n'est-ce pas ? Six visites en deux heures. J'ai été « efficace ».

Être efficace, pour la famille Gilbreth, était une qualité comparable à la franchise, à l'honnêteté, à la générosité, à la philanthropie, ou même à bien se laver les dents. Nous convînmes que Maman s'était montrée exceptionnellement efficace.

Cependant Grosie n'avait pas l'air d'être de notre avis.

— Ne pensez-vous pas que je m'en sois bien tirée, chère maman ?

— Peut-être, chère Lillie, dit Grosie lentement, peut-être même vous en êtes-vous un peu trop bien tirée.

Nos grands-parents allèrent jusqu'à s'inquiéter de notre conduite exemplaire. Ils dirent à Maman que cela ne leur semblait pas naturel et que notre façon de marcher sur la pointe des pieds et de ne jamais élever la voix les énervait.

— Ils ne se comportent pas du tout comme je l'imaginais, dit grand-papa. D'après vos lettres, je pensais qu'ils criaient et sautaient sans arrêt. Je crains qu'ils ne se sentent pas chez eux.

— Ils s'y sentiront bien assez tôt, les avertit Maman. J'ai plutôt peur que, lorsqu'ils décideront de faire comme chez eux, ils ne s'y mettent tous à la fois. Et alors... autant prendre la porte.

Nous prîmes justement cette décision le jour que Grosie donna un thé de cérémonie en l'honneur de Maman.

Nos marraines nous avaient baignés avec un savon parfumé et habillés de vêtements neufs que Grosie avait approuvés. Pour les filles, des robes à petits pois avec des rubans assortis dans les cheveux ; pour les garçons, des costumes de serge bleue avec des cols à la Buster Brown et de larges nœuds de cravate rouges.

Les culottes des garçons étaient courtes et boutonnées sur le côté, au lieu d'être boutonnées sur le devant. C'était plutôt incommode, pensaient Frank et Bill. Mais le comble était qu'il y avait une sorte de petite patte, genre patte de soulier, cousue sur le côté et qui servait de braguette.

— Nous allons tous être fiers de vous aujourd'hui ! nous avaient dit les tantes. Nous sommes sûrs que vous ferez une bonne impression sur les invités.

— Pas avec cette culotte, en tout cas, dit Bill. J'aurai l'air d'une fille et je ne veux pas la mettre.

— Pourquoi, cher Billy ? lui demanda tante Mabel, sa marraine. Cela te va très bien, au contraire. Tu ressembles au petit lord Fauntleroy.

— Je n'ai pas envie de lui ressembler, cria Bill. Je ne veux pas porter ce costume.

— Mais si, cher Billy, tu vas le porter. Qu'est-ce que tu crois que dirait ton père s'il t'entendait parler comme cela ?

— Je crois qu'il dirait que c'est un vêtement de fille, dit Bill. Il se moquerait bien de la patte !

— Sois gentil, mon chéri. Tu ne veux pas faire de peine à ta maman, à Grosie et à grand-papa ?

— Si, dit Bill, j'en ai assez de ne faire de peine à personne. J'en ai marre !

Les marraines froncèrent les sourcils.

— Eh bien, Billy Gilbreth, dit tante Mabel, où as-tu appris un si vilain mot ?

Nous crûmes voir la trace d'un sourire fugitif passer sur le visage de tante Mabel et que tante Gertrude poussait le coude de tante Ernestine. Mais nous repoussâmes cette idée comme tout à fait improbable et hors de raison.

Bill se laissa finalement persuader qu'il devait porter son nouveau costume. Pourtant il demeura grognon et nous le devînmes tous lorsqu'on nous fit des recommandations spéciales à propos de la réception.

— D'abord les grandes personnes feront un bout de causette et resteront entre elles, mes chéris. Après cela, vous, les enfants, vous viendrez et on vous présentera aux invités. N'oubliez pas que certaines de ces personnes sont les plus vieilles amies de votre Maman et qu'elle entend être fière de vous, ainsi ne vous salissez pas. En attendant, allez vous amuser dans le jardin, on vous appellera en temps utile.

Abandonnés à nous-mêmes, nous nous promenâmes sur la pelouse où nous formions un petit groupe empesé, inconfortable et vindicatif. Nous étions fatigués de nous tenir si bien, et nous avions envie que Papa fût là pour nous distraire un peu.

— À la maison, souffla Martha, les enfants sont en visite quand les grandes personnes le sont, *ils* n'ont pas besoin de rester à attendre dans le jardin comme des pestiférés.

— Eh bien ! chère Martha, imita Ernestine prenant un ton choqué, où avez-vous appris un si vilain mot ?

— À la maison, continua Martha, on trouve les enfants capables de se coiffer eux-mêmes et on ne leur fait pas porter des rubans si serrés qu'ils ne peuvent même pas remuer les sourcils.

— Regardez la patte de ma culotte ! dit Bill, la montrant du doigt.

Un arrosoir mécanique tournait sur la pelouse, non loin de nous. Martha arracha le ruban de ses cheveux, le jeta par terre et se mit délibérément la tête sous le jet d'eau.

Anne et Ernestine étaient horrifiées.

— Martha, crièrent-elles, es-tu folle ? Veux-tu sortir de là !

Martha renversa la tête et se mit à rire. Elle ouvrit la bouche pour attraper de l'eau et remua avec extase ses sourcils enfin libres. Tout empois quitta ses vêtements et ses cheveux se mirent à pendre sur son visage.

Frank et Bill la rejoignirent sous la douche. Puis ce fut le tour d'Ernestine qui laissa Anne, l'aînée, à son dilemme habituel : prendre notre parti à tous ou celui des grandes personnes. Elle savait bien que son rôle d'aînée la rendait responsable, quel que fût son choix.

— Viens et mouille-toi, lui criâmes-nous, ne sois pas un traître, l'eau est délicieuse.

Anna soupira, dénoua ses cheveux et nous rejoignit.

L'une des tantes nous appela de la maison.

— Allons, mes chéris, c'est le moment de venir voir les invités.

Nous entrâmes l'un après l'autre dans le living-room

où nos vêtements dégoulinants répandirent des flaques sur les tapis persans de Grosie.

— Eh bien! je pense qu'ils font comme chez eux, maintenant! dit Maman un peu tristement. Vous, les enfants, écoutez-moi, montez et changez-vous, pas de bêtises. Je vous veux ici, en bas, secs, dans dix minutes. C'est compris?

Nous comprenions. Ça, c'était une façon de parler que nous comprenions.

*

Tout le monde était satisfait maintenant que nous hurlions à travers la maison, jouions à cache-cache et descendions l'escalier en glissant sur la rampe. Il n'y avait que durant l'après-midi, pendant la petite sieste de Grosie, que grand-papa nous demandait de nous tenir tranquilles.

— Tâchez de baisser le ton et de le réduire à un grondement régulier durant deux petites heures, mes chéris. Votre grand-mère a tellement besoin de se reposer.

Nos tantes se dévouaient à nous de la tête aux pieds et nous commençâmes bientôt à l'apprécier et à en faire nos délices. Elles ne savaient qu'inventer pour nous amuser. Elles jouaient avec nous, nous aidaient à planter des fleurs, à coller des images dans nos albums, à réunir des graines de Californie que nous voulions faire pousser dans notre jardin quand nous retournerions chez nous. Elles nous emmenaient au cinéma, nous faisaient visiter la ville chinoise à San Francisco et, pour les week-ends, nous conduisaient dans leur cottage d'été à Inverness. Il leur semblait naturel maintenant de nous appeler « cher » et à nous-mêmes de leur rendre la pareille sans affectation ni moquerie. Lorsque notre chère tante Gertrude se fit hospitaliser parce qu'elle avait peur d'avoir la coqueluche et ne voulait pas nous contaminer, nous pleurâmes son départ comme s'il s'était agi de celui de Maman elle-même.

Quant à Bill, il avait trouvé un ami dévoué et un allié à la cuisine où Chew-Wong faisait la loi. Chew-Wong était ancré dans ses idées et insensible à toute influence. Il avait un aspect sinistre et un caractère de chien. Il comprenait parfaitement l'anglais, excepté quand on essayait de lui faire un reproche ou de lui donner des ordres. Dans ces cas-là il se lançait dans un discours en chinois qui n'était que sifflements, brandissait ses casseroles, tournait le dos et s'en allait. Mais c'était un merveilleux cuisinier. Il était tacitement entendu dans la famille Moller que plus on ignorait ses recettes et ce qu'il mettait dans les plats, mieux cela valait pour tout le monde.

Seule, tante Eleanor, qui avait la charge de combiner les menus, osait s'aventurer dans la cuisine. On nous avait avertis de nous tenir à l'écart, à moins que nous ne souhaitions provoquer une colère orientale, mourir d'un poison exotique, subir une guerre à la pincette ou vivre avec la menace d'un hara-kiri suspendu sur nos têtes.

En dépit de ces conséquences possibles, Bill ne put résister au parfum des gâteaux et des pâtés, et se mit à passer une bonne partie de son temps dans ce paradis défendu. Au début, tante Eleanor le chassait, mais Chew s'était vite pris d'amitié pour lui et boudait quand on l'éloignait. Or, quand Chew boudait, la cuisine s'en ressentait et on finit par décider de laisser Bill faire à sa guise.

Du coup Chew-Wong se surpassa pour les repas et son domaine retentit d'un baragouin anglo-chinois et de rires cliquetants.

— Ou plaît, Blilly, ouv'i bouche, hi, hi, hi! Bon ga'çon, Blilly.

Nous demandâmes à Billy pourquoi il fallait qu'il ouvrît la bouche. Il nous expliqua que, lorsque Chew-Wong glaçait un gâteau, il mettait le sucre dans un cornet en papier journal, coupait la pointe d'un coup de dent, et pressait le cornet au-dessus du gâteau. De temps en temps Bill ouvrait la bouche et Chew lui pressait le cornet dedans. Mais quand nous, les autres, descendîmes à la cuisine, pour essayer de profiter de cette aubaine de sucre, Chew-Wong nous chassa à coups de casserole, cependant que Bill et lui étouffaient de rire, hi, hi, hi, hi !

Parfois, quand Bill faisait quelque bêtise, Chew le grondait, le soulevait à bout de bras et le menaçait de le faire cuire dans le four. Il ouvrait la porte du fourneau et le mettait assez près pour qu'il sentît la chaleur sur sa figure.

— Méchant ga'çon, Blilly. Mette dans fou' et fai' do'é et manger... hi, hi, hi !

Bill savait bien que c'était un jeu, ce qui ne l'empêchait pas d'avoir peur, de se débattre et de donner des coups de pieds.

Une après-midi que Chew-Wong ouvrait le four et se penchait à l'intérieur sur la pointe des pieds pour voir si un gâteau était bien pris de tous les côtés, Bill se glissa derrière lui, s'arc-bouta de l'épaule contre son postérieur et poussa.

— Méchant ga'çon, Wong, dit-il, imitant l'accent du cuisinier. Blilly le mette dans fou' et fai' do'é et manger, hi, hi, hi !

Tante Eleanor, qui était dans l'office, entendit Billy et les cris de Chew-Wong : le temps qu'elle se précipitât dans la cuisine, le chef s'était dégagé, avait mis ses deux mains sous le robinet d'eau froide et hurlait de rage.

Un certain nombre de Moller et de Gilbreth accoururent de tous les coins de la maison.

Mais, comme tante Eleanor était la responsable de la cuisine, elle décida que c'était à elle à rappeler Bill à son devoir.

— Bill Gilbreth, lui dit-elle sévèrement, vous ne vous êtes pas conduit comme un gentleman...

Quand le temps de notre séjour arriva à son terme, nous remîmes nos vêtements de voyage et grimpâmes de nouveau dans les limousines. Nous nous étions accoutumés à elles maintenant, et nous n'hésitions plus à baisser les glaces, à étendre nos mains au-dehors et à dire aux chauffards que nous croisions ce que nous pensions d'eux. Les Moller ne semblaient pas y faire attention, cela avait plutôt l'air de les amuser. Henriette lui-même, toujours au garde-à-vous, souriait en voyant nos mains s'agiter quand il prenait posément un tournant.

Nous fîmes nos adieux sur le quai de la gare. Bill ne croyait plus qu'on le prenait pour une fille parce qu'on l'embrassait et il rendait les baisers.

Nous montâmes dans le train et écrasâmes nos nez contre les vitres.

— Il y a une chose que je ne peux pas comprendre, dit Anne, c'est qu'ils paraissent désolés de nous voir partir. Regardez-moi ça, ils pleurent autant que nous.

Le train partit et Maman fit de son mieux pour nous consoler.

— Je n'ai pas emporté un seul réchaud à alcool, nous dit-elle. Les choses vont aller bien mieux au retour qu'à l'aller. Le pied de Lill est guéri et j'espère que Freddie n'aura pas mal au cœur. Nous pourrons aller au wagon-restaurant, et...

Subitement, Martha se mit à tousser :

— Ouaoup, ouaoup, ouaoup.

— Tu n'as pas la sensation que tu es malade ? demanda Maman. Laisse-moi te tâter le front.

Quand nous atteignîmes Salt Lake City, nous avions tous les sept la coqueluche. On ne relevait plus jamais nos couchettes et personne ne pouvait dormir.

Papa avait obtenu une permission et nous fit la surprise de monter dans le train à Chicago. Il commença par mettre tout en ordre avec un seau et un balai, que Maman avait empruntés à un porteur, et nous donna de la soupe chauffée sur un réchaud à alcool récemment acquis.

— Merci, merci, cher Papa, lui dîmes-nous.

— Cher Papa ! Cher Papa ! Eh bien je vois qu'il faut que je vous envoie en Californie tous les étés !

— Pas avec moi, en tout cas, dit Maman. Je ne peux pas te dire à quel point j'ai été heureuse de revoir les miens. Mais la prochaine fois, c'est toi qui emmèneras les enfants et moi j'irai à la guerre !

X
Amygdales en série

Papa pensait que le meilleur moyen de traiter les maladies était de les ignorer.

— Nous n'avons pas le temps de nous occuper de pareilles bêtises, disait-il. Nous sommes trop nombreux. Un seul malade retarde le travail de toute la famille. Vous descendez de solides pionniers. On vous a donné la santé, c'est votre affaire de la conserver. Pas d'excuses, je veux que vous vous portiez bien.

Exception faite pour la rougeole et la coqueluche, nous avions obéi. Les visites du docteur étaient si rares qu'elles signifiaient seulement pour nous que Maman allait avoir un bébé.

La mère de Papa, qui vécut avec nous un certain temps, avait sa propre méthode pour se garer des maladies. Grand-maman Gilbreth était née dans le Maine où, prétendait-elle, il n'y avait, en fait de saisons, que l'hiver et juillet et août. Elle se déclarait spécialiste pour combattre le froid et éviter les rhumes de cerveau.

Son moyen secret de prophylaxie était un petit sachet blanc rempli de camphre qu'elle gardait caché sur sa poitrine. La poitrine de grand-maman, d'ailleurs, offrait une ample cachette non seulement pour le camphre, mais aussi pour ses lunettes, son mouchoir et, si besoin était, le couvre-lit qu'elle tricotait.

Chaque année, dès qu'apparaissait la première gelée,

elle fabriquait douze sachets de camphre identiques pour chacun de nous.

— Rappelez-vous ce que grand-maman vous dit et portez cela tout le temps, nous recommandait-elle. Si vous me ramenez un rhume à la maison, ce sera votre faute, et je vous écorcherai vivants.

Grand-maman menaçait toujours de vous écorcher vif ou de vous écarteler ou de vous scalper comme un peau-rouge ou de vous fouetter jusqu'à ce que votre derrière saigne. Elle affirmait qu'elle était partisan de « qui aime bien châtie bien ».

Son instrument de punition personnel était une baguette du lilas qui poussait sur la pelouse. Elle en gardait toujours une sur le haut de son armoire.

— Je vous préviens que vous allez en tâter désormais, nous disait-elle. Votre mère ne vous corrige jamais et votre père n'a pas le temps de le faire, mais votre grand-mère vous fouettera jusqu'à ce que votre derrière soit comme une écrevisse.

Elle faisait siffler la baguette avec une vigueur incroyable pour son âge ! La plupart du temps, elle ne fouettait guère que le vide, mais nous recevions parfois quelques coups sur les jambes et, pour ne pas la décevoir, nous hurlions comme si nous passions entre les mains d'un inquisiteur espagnol. Il arrivait aussi qu'elle cinglât dans le vide avec tant de force que la baguette cassait.

— Ah ! vous voyez ! s'écriait-elle, vous êtes tellement méchants que je vous ai cassé mon fouet dessus. Allez vite dans le jardin et coupez-moi une autre branche pour la prochaine fois. Une grosse, bien épaisse, qui vous fasse plus mal que celle-ci. Allez-y, courez !

Dans les rares occasions où l'un de nous était assez malade pour garder le lit, grand-maman et Papa pensaient que le meilleur traitement était l'absence de traitement.

— Un enfant couché se rétablit plus vite si on laisse la nature agir, disait grand-maman.

Et Papa approuvait de la tête. Maman disait qu'elle

était d'accord, mais elle se consacrait quand même à surveiller le malade.

— Tiens, mon chéri, mets mon joli petit tricot de lit sur tes épaules. Voià des images, des ciseaux et de la colle. Qu'est-ce que tu dirais si je descendais à la cuisine pour te préparer un plateau ? Je vais remonter tout de suite et je te lirai quelque chose.

Un cousin apporta la rougeole à la maison, et nous tombâmes tous malades en même temps, excepté Martha. Deux grandes chambres supplémentaires, au premier, furent converties en salles d'hôpital, une pour les garçons, l'autre pour les filles. Nous endurâmes ensemble deux ou trois jours de malaises, de fièvre, de démangeaisons. Maman nous appliquait du beurre de cacao et des compresses glacées. Le docteur Burton, qui avait mis au monde la plupart d'entre nous, affirma qu'il n'y avait point d'inquiétude à avoir. C'était un homme qui avait son franc-parler, et lui et Papa s'entendaient très bien.

— J'admets, Gilbreth, lui disait-il, que vos enfants ne sont pas souvent malades. Mais, quand ils s'y mettent, cela bouleverse la statistique sanitaire de l'État de New Jersey tout entier.

— Pourquoi cela, monsieur Squelette ? demanda Papa ?

— Je dois signaler dans mon rapport chaque semaine le nombre de cas de maladies contagieuses que je soigne. Ordinairement, j'ai deux cas de rougeole par semaine. Quand j'en signalerai onze en un seul jour, ils sont capables de mettre Montclair en quarantaine et de licencier toutes les écoles du comté.

— Ce sont sans doute des cas exceptionnellement bénins, dit Papa. Mes enfants sont de la graine de pionniers, vous savez.

— En ce qui me concerne, la rougeole est toujours la rougeole, et ils ont la rougeole.

— Il est probable que les pionniers eux-mêmes attrapaient la rougeole !

— Probablement. Les pionniers, eux aussi, avaient

des amygdales, comme vos enfants. De vilaines amygdales, il faut les enlever.

— On n'a jamais enlevé les miennes.

— Laissez-moi les voir, ordonna le docteur Burton.

— Elles n'ont rien du tout.

— Pour l'amour de Dieu, ne me faites pas perdre mon temps. Ouvrez la bouche et faites : Ha...

Papa ouvrit la bouche et fit : Ha...

Le docteur secoua la tête.

— C'est bien ce que je pensais. Les vôtres aussi doivent être coupées. On aurait dû le faire il y a des années. Vous ne voudrez jamais l'avouer, mais je suis sûr que vous avez souvent mal à la gorge. Vous y avez mal en ce moment, n'est-ce pas ?

— Pas du tout, dit Papa. Je n'ai jamais été malade un jour de ma vie.

— Bon, eh bien ! gardez les vôtres si cela vous fait plaisir. Vous ne causez de tort qu'à vous-même. Mais il faut absolument enlever celles des enfants.

— J'en parlerai avec Lillie, lui dit Papa.

Une fois la grosse fièvre de la rougeole calmée, nous nous sentions tous très bien, quoique nous dussions garder le lit. Nous chantions, nous nous racontions des histoires qui n'en finissaient pas, nous jouions aux charades ou aux devinettes, et nous nous battions à coups de polochon. Papa restait souvent avec nous, se joignait à nos chansons et à nos jeux, sauf aux batailles d'oreillers qui étaient illégales. Ce n'était pas qu'il ne crût toujours qu'il fallait laisser à eux-mêmes les enfants malades, mais avec nous tous au lit, sauf Martha bien entendu, il se trouvait tellement isolé qu'il ne pouvait le supporter.

Un soir après dîner il vint dans nos chambres et s'assit dans un coin. Nous vîmes qu'il avait le visage couvert de taches.

— Qu'est-ce que tu as, Papa ? lui demanda Anne. Tu es plein de marques rouges.

Papa avait un sourire forcé.

— Que vas-tu chercher là ? Je vais très bien.

— Tu as attrapé la rougeole ?

— Je vais très bien, je le sens.

Nous nous mîmes à crier :

— Papa a la rougeole, Papa a la rougeole !...

Papa ne bougeait pas, tout souriant, mais nos clameurs attirèrent grand-maman.

— Qu'est-ce qui se passe ici ? demanda-t-elle.

Elle regarda Papa.

— Mon Dieu, Frank, tu es couvert de taches !

— Ce n'est qu'une plaisanterie, dit timidement Papa.

— Va te coucher. Un homme de ton âge doit être plus raisonnable. Tu n'as pas honte !

Grand-maman fouilla dans son corsage et mit ses lunettes pour examiner le visage de Papa.

— Je déclare, Frank Gilbreth, lui dit-elle, que tu es quelquefois pire que tes enfants. De l'encre rouge ! Et tu trouves cela plaisant, d'avoir l'air à moitié mort ! De l'encre rouge !

— Une plaisanterie, répéta faiblement Papa.

— Excellente, murmura grand-maman en sortant. Je m'en tiens les côtes de rire !

Papa n'avait pas l'air très fier.

— C'est vraiment de l'encre rouge, Papa ?

Nous étions tous d'accord pour trouver que c'était une très bonne plaisanterie.

— Tu nous a bien eus !

— Demandez l'avis de votre grand-mère, maugréa Papa. C'est une femme très bien, elle sait tout.

Martha, qui semblait immunisée contre la rougeole, n'avait quand même pas le droit de venir dans nos chambres. Elle ne pouvait pas aller à l'école, toute la maison étant en quarantaine, et la semaine ou deux pendant lesquelles elle demeura fille unique l'avaient rendue si malheureuse qu'elle en avait perdu l'appétit. A la fin, elle ne put plus y tenir, et se glissa dans les « salles d'hôpital » pour nous voir.

— Tu sais que c'est défendu, lui dit Anne. Est-ce que tu veux tomber malade ?

Martha fondit en larmes.

— Oui, sanglota-t-elle, oh ! oui.

— Tu ne vas pas nous dire que nous te manquons ? Est-ce que ce n'est pas merveilleux d'avoir tout le rez-de-chaussée à ta disposition et d'avoir Papa et Maman pour toi toute seule pendant le dîner ?

— Papa n'est plus drôle en ce moment, dit Martha. Il est de mauvaise humeur et il prétend que les repas trop tranquilles le rendent idiot.

— Dis-lui que ce n'est pas d'intérêt général, dit Ernestine.

Peu après l'épidémie de rougeole, Papa commença à appliquer son principe d'économie du mouvement à la chirurgie, pour essayer de réduire la longueur de certaines opérations.

Les chirurgiens, disait-il, ne diffèrent pas beaucoup d'adroites machines, si ce n'est qu'ils sont moins adroits que les machines. Si je puis étudier leurs mouvements, je pourrai leur faire gagner du temps. Gagner du temps, dans une opération, cela peut signifier la différence entre la vie et la mort.

Au début, les chirurgiens à qui il en parla ne furent pas très chauds.

— Je ne crois pas que cela soit efficace, lui dit l'un d'eux. Nous n'opérons pas sur des automates. Nous opérons sur des êtres vivants. Il n'y en a pas deux semblables, aussi nulle série préétablie de mouvements ne peut être appliquée à tous les cas. Papa insista.

— Je suis sûr que cela donnera des résultats. Laissez-moi seulement filmer quelques opérations et vous verrez.

Il finit par obtenir la permission d'installer son équipement de cinéma dans une salle de chirurgie. Lorsque le film fut tiré, il nous le projeta avec l'appareil qu'il avait au salon, pour nous montrer ce qu'il avait fait.

A l'arrière-plan il y avait un écran quadrillé, une grosse pendule sur laquelle était écrit Gilbreth, et une aiguille qui faisait un tour complet de cadran à chaque seconde. Les médecins et les infirmières étaient vêtus de blanc et portaient un numéro sur leur coiffe pour qu'on puisse les reconnaître. Le patient était sur une table d'opération au premier plan. Sur la gauche, on voyait quelque chose, entièrement recouvert d'un drap blanc, qui ressemblait à une montagne sous la neige. Quand la montagne se retourna, elle avait un chronomètre à la main et, quand elle adressa un sourire à la caméra, nous pûmes reconnaître sous le déguisement que c'était Papa.

Il nous parut, pendant que nous regardions le film, que les médecins accomplissaient rapidement une opération abdominale compliquée, mais Papa, qui faisait fonctionner l'appareil derrière nous, ne cessait de grogner que c'était stupidité et compagnie.

— Regardez ce nigaud, disait-il, le docteur avec un 3 sur sa coiffe. Examinez ce qu'il fait, il tourne autour de la table d'opération. Maintenant voyez tout le chemin qu'il fait pour atteindre cet instrument. Et le voilà qui décide que ce n'est pas celui-là qu'il lui faut ! Il en veut un autre. Il pourrait demander l'instrument, et cette infirmière, le numéro 6, là, pourrait le lui passer. C'est pour cela qu'elle est là. Regardez aussi la main gauche du docteur. Elle pend le long de son corps. Pourquoi ne s'en sert-il pas ? Il devrait aller deux fois plus vite.

Le résultat du film fut que les chirurgiens s'arrangèrent pour réduire de 15 % le temps d'anesthésie. Papa était loin d'être satisfait. Il expliqua qu'il avait besoin de filmer cinq ou six opérations du même type afin de pouvoir distinguer les mouvements utiles des mouvements perdus. La difficulté était que la plupart des patients refusaient d'être photographiés et que les hôpitaux redoutaient les complications légales.

— Peu importe, mon ami, lui disait Maman, je suis sûre qu'une occasion se produira et que tu pourras prendre toutes les photos que tu voudras.

A quoi Papa répondait qu'il n'aimait pas attendre, que, lorsqu'il avait une idée, il détestait la mettre de côté pour la reprendre ensuite par petits morceaux, chaque fois qu'il trouverait un malade, un hôpital ou un docteur qui ne s'opposeraient pas à être photographiés.

Tout à coup il fit claquer ses doigts, une idée lui était venue.

— J'y suis, dit-il, j'y suis ! le docteur Burton me poursuit pour enlever les amygdales des enfants, il affirme qu'ils en ont absolument besoin. Nous allons aménager une salle d'opération ici et filmer Burton.

Maman ne semblait pas convaincue.

— Cela me paraît cruel de se servir des enfants comme cobayes.

— Évidemment, et je ne le ferai pas à moins que Burton ne soit entièrement d'accord. Si le fait d'être filmé devait l'énerver, si peu que ce fût, on enlèverait les amygdales sans analyse de mouvements.

— D'une manière ou d'une autre, j'imagine mal Burton nerveux, dit Maman.

— Moi aussi. Je vais l'appeler. Et comme, malgré tout, je me sens un petit peu coupable dans cette histoire, je laisserai ce vieux boucher m'ôter les amygdales à moi aussi.

— Je me sens bien un peu coupable comme toi, dit Maman. Malheureusement on a coupé les miennes quand j'étais petite fille !

Le docteur Burton accepta de travailler devant une caméra.

— Je vous garderai pour la fin, vieux pionnier, dit-il à Papa, pour la bonne bouche. Depuis le premier jour que j'ai jeté un regard sur vos longues, grosses et belles amygdales, j'ai su que je ne serais pas satisfait tant que je ne les aurais pas !

— Cessez de plaisanter et rentrez votre scalpel, vil flatteur, dit Papa, je veux être le dernier et vous m'opérerez quand les enfants iront mieux.

Le docteur Burton décida de commencer par Anne, et de descendre ensuite les échelons de la famille en continuant par Ernestine, Frank, Bill et Lillian.

Martha était la seule des grands qui n'avait pas

besoin d'être opérée et les petits, ceux qui venaient après Lill, pouvaient attendre encore un peu.

La nuit qui précéda ces opérations en série, Martha fut envoyée chez la sœur aînée de Papa, tante Anne.

— Je ne veux pas t'avoir dans les jambes, lui dit Papa. Les enfants à qui on va ôter les amygdales n'auront ni dîner la veille ni petit déjeuner. Je ne veux pas que tu les ennuies.

Martha n'avait pas oublié à quel point nous l'avions négligée avant qu'elle ne vînt finalement nous retrouver pendant notre rougeole. Aussi ne manqua-t-elle pas de nous taquiner jusqu'à ce qu'elle s'en allât.

— Tante Anne a toujours de la tarte aux pommes pour le breakfast, disait-elle, ce que nous savions être parfaitement exact, excepté que c'était parfois de la tarte aux cerises noires. Elle a toujours une provision d'excellents gâteaux secs à l'office, et elle aime que les enfants les mangent.

Cela aussi, malheureusement, n'était que la simple vérité.

— Demain matin, pendant que vous attendrez le couteau, je penserai à vous. J'essaierai, si je ne suis pas trop gavée, de manger un gâteau de plus à l'intention de chacun de vous.

Martha se frottait l'estomac avec satisfaction, gonflant ses joues comme si elle avait la bouche pleine. Elle faisait semblant d'ouvrir une boîte de biscuits, d'en prendre un et de le porter à ses lèvres.

— Mon Dieu, tante Anne, disait-elle, comme si la vieille dame eût été dans la pièce, ces gâteaux sont encore meilleurs que d'habitude...

— Nous espérons bien que tu en crèveras, ma chère Martha, lui dîmes-nous.

Le lendemain matin, les cinq d'entre nous qui avaient été sélectionnés pour sacrifier leurs amygdales à l'étude du mouvement furent rassemblés dans le salon. Comme Martha nous l'avait prédit, nous avions l'estomac vide. Il grondait et gargouillait. Nous entendions qu'on traînait les lits à l'étage au-dessus et nous savions qu'on transformait de nouveau les chambres en salles d'hôpital. Dans le laboratoire, à côté du salon, Papa, son opérateur de cinéma, une infirmière et le docteur Burton convertissaient un pupitre en table d'opération et installaient l'écran quadrillé et les projecteurs.

Papa entra dans le salon, habillé de nouveau comme une montagne.

— Tout est prêt. Viens, Anne.

Il donna à sa fille aînée une bourrade dans le dos et nous sourit.

— Ce n'est rien du tout, ce sera fini en quelques minutes. Et pensez à ce que ce sera amusant, quand on projettera le film, de voir la tête que chacun de nous fait quand il dort.

Au moment où il quitta la pièce avec Anne, nous pûmes voir que ses mains tremblaient, et la sueur commençait à mouiller sa robe blanche. Maman vint nous tenir compagnie. Papa aurait voulu qu'elle assistât aux opérations, mais elle avait déclaré qu'elle ne pourrait pas. Au bout d'un certain temps nous entendîmes Papa et l'infirmière qui marchaient lourdement au-dessus et nous comprîmes que l'opération d'Anne était finie et qu'on l'avait portée dans son lit.

— Je sais que c'est mon tour, et je ne puis pas dire que je n'ai pas peur, murmura Ernestine. Mais j'ai tellement faim que je ne peux pas penser à autre chose qu'à Martha et à sa tarte. Quelle veinarde !

— Et les gâteaux secs ! dit Bill.

— Est-ce que nous pourrons avoir de la tarte et des gâteaux après nos opérations ? demanda Lill.

— Si vous en avez envie, répondit Maman, à qui on avait enlevé les amygdales.

Papa rentrait. Sa robe était trempée de sueur, comme si un brusque dégel de printemps faisait fondre la montagne.

— Ce n'est rien du tout, dit-il, et je sais que nous avons pris un grand film. Anne dort comme un bébé. Ernestine, ma fille, c'est à toi, allons-y.

— Je n'ai plus faim du tout, murmura Ernestine. Je n'ai plus que peur.

L'infirmière lui mit un tampon imbibé d'éther sous le nez et la dernière chose dont elle se souvint fut Mr. Coggin, l'opérateur de Papa, qui manipulait sa caméra.

« Il doit tourner à deux tours à la seconde, pensa-t-elle. Je vais compter et voir si c'est vrai. Et un, et deux, et trois, et quatre... C'est comme cela que Papa nous a dit de compter les secondes. Il faut mettre « et » entre chaque nombre pour compter à la bonne vitesse. Et un, et deux, et trois... »

Elle dormait. Le docteur Burton regarda sa gorge.

— Bon Dieu, Gilbreth, dit-il, je vous ai dit que je ne voulais pas Martha !

— Vous n'avez pas Martha, dit Papa, c'est Ernestine.

— Vous en êtes sûr ?

— Naturellement, j'en suis sûr, vieux singe ! Est-ce que vous croyez que je ne connais pas mes propres enfants ?

— Vous avez dû vous tromper, insista Burton. Regardez-la bien. Ce n'est pas Martha ?

— Voulez-vous insinuer que je ne distingue pas mes filles l'une de l'autre ?

— Je ne veux rien insinuer du tout. Si ce n'est pas Martha, nous avons fait une affreuse méprise.

— Nous, gronda Papa, nous ! Je n'ai fait aucune méprise, et j'espère que j'ai tort d'imaginer le genre de méprise que vous, vous avez faite ?

— Je ne les connais, moi, que par leurs amygdales, dit le docteur. Je croyais que ces amygdales-là étaient celles de Martha, les seules qu'on n'avait pas besoin d'enlever.

Papa gronda :

— Ce n'est pas possible !

Son grondement devint menaçant.

— Allez-vous me dire que vous avez endormi ma petite fille pour rien ?

— Il me semble que c'est exactement cela, Gilbreth. Je suis désolé, mais c'est fait. C'est une fichue erreur, mais vous avez un tel paquet d'enfants qu'ils sont tous pareils pour moi.

— C'est bien, Burton, dit Papa. Excusez-moi d'avoir perdu mon sang-froid. Qu'est-ce que nous allons faire ?

— Je vais quand même les lui ôter. Il faudrait bien en arriver là à un moment ou à un autre, et le pire d'une opération est l'appréhension qu'on en a. La petite a eu son appréhension, c'est inutile qu'elle l'ait deux fois.

Au moment que le docteur Burton se penchait vers Ernestine, elle eut un réflexe inconscient et lui donna un coup de genou dans la mâchoire.

— Ça va, Ernestine, si c'est réellement ton nom, murmura-t-il.

Il se trouva que les amygdales d'Ernestine étaient bien cachées et plus grosses que le docteur ne s'y attendait. Il eut assez de peine à les couper et Mr. Coggin eut des nausées.

— N'arrêtez pas de tourner, lui cria Papa, ou vos amygdales y passeront aussi, je vous les arracherai moi-même. Tournez, nom d'un chien, tournez !

Mr. Coggin tourna.

L'opération achevée, Papa et l'infirmière montèrent Ernestine dans son lit. Puis il entra au salon pour chercher Frank et demanda à Maman d'envoyer quelqu'un prendre Martha chez tante Anne.

— Tarte aux pommes, gâteaux ou non, on lui enlèvera les amygdales ! Je ne suis pas prêt à recommencer une pareille journée de sitôt.

Frank, Bill et Lillian passèrent à leur tour. Enfin Martha arriva, braillant, se débattant, l'estomac alourdi de friandises.

— Vous avez dit qu'on ne m'enlèverait pas les amygdales, cria-t-elle au docteur, et je ne veux pas qu'on me les enlève !

Avant qu'il ait pu l'étendre sur le pupitre qui servait

de table d'opération, elle lui donna un coup de pied dans l'estomac.

— La prochaine fois que je viendrai chez vous, dit le docteur à Papa dès qu'il put reprendre sa respiration, je mettrai une cotte de mailles et un masque d'escrime !

Et à l'infirmière :

— Donnez un peu d'éther à Martha, si c'est bien son nom.

— Oui. je suis Martha, hoqueta-t-elle, à travers le tampon, vous êtes en train de vous tromper.

Papa triompha.

— Je vous ai dit que c'était Martha.

— Je sais, dit Burton, ne recommençons pas, c'est Martha, mais j'ai appelé ses amygdales Ernestine. Ouvrez la bouche, Martha, ma chère enfant, et laissez-moi enlever les amygdales d'Ernestine. Tournez la manivelle, Mr. Coggin. Votre film pourrait bien être le premier enregistrement photographique d'un homme qui perd doucement la raison !

Nous fûmes tous affreusement malades cette après-midi-là, mais pour la pauvre Martha ce fut une véritable agonie.

— C'est honteux, ne cessait de lui dire grand-maman, de qui elle était le chouchou, on n'aurait jamais dû te laisser manger tant que cela et te ramener ensuite ici pour cette boucherie ! Je me moque que ce soit la faute du docteur, ou celle de ton père, j'aimerais les écorcher vifs tous les deux et les scalper comme des Indiens.

Pendant notre convalescence, Papa passa presque tout son temps avec nous ; il s'efforçait de minimiser notre mal et nous assurait que nous n'avions besoin que de sympathie.

— Pas de chichis, disait-il, j'ai assisté à l'opération, n'est-ce pas ? Il ne s'agit que d'une petite et minuscule coupure au fond de la gorge. Je ne peux pas comprendre pourquoi vous gémissez comme ça ! Avez-vous oublié l'histoire du petit Spartiate qui n'ouvrit pas la

116

bouche pendant que le renard lui dévorait les entrailles !

Ce fut en partie à cause de nos doléances, et aussi pour nous montrer comment le petit Spartiate aurait supporté qu'on lui enlevât les amygdales que Papa décida de n'avoir qu'une anesthésie locale pour sa propre opération. Maman, grand-maman et le docteur Burton protestèrent. Papa n'écouta pas.

— Pourquoi faire une montagne d'une taupinière à propos d'une si petite intervention ! Je ne veux pas perdre Burton de l'œil et voir s'il ne gâche pas son travail !

Le jour même que nous pûmes nous lever, Papa et Maman s'installèrent dans la voiture pour aller chez le docteur. Maman avait supplié Papa de prendre un taxi. Elle ne savait pas conduire et elle disait que Papa ne serait peut-être pas en état de le faire pour le retour. Papa riait de ses appréhensions.

— Nous serons là dans une heure, nous dit-il, en faisant fonctionner le klaxon et les deux trompes à la fois pour montrer qu'il était prêt à toute éventualité. Attendez-nous pour déjeuner, je meurs de faim.

— Il faut rendre justice à Papa, admit Anne quand la Pierce Arrow eut tourné le coin de Wayside Place. Il a du cran ! Nous crevions tous de peur avant l'opération et lui a l'air impatient d'y passer.

Deux heures plus tard, un taxi stoppait devant la maison. Le chauffeur sautait de son siège et ouvrait la portière. Maman en sortit, pâle et les yeux rouges. Elle et le chauffeur extirpèrent du véhicule une masse de serge bleue ratatinée et gémissante. Le chapeau de Papa était cabossé et de travers, son visage était gris et défait. Il ne pleurait pas, mais ses yeux coulaient. Il ne pouvait pas parler et il ne pouvait pas sourire.

— Eh bien ! je crois qu'il a son plein. Mrs. Gilbreth, dit le chauffeur avec envie. Et si tôt dans la journée ! Quant à moi, je n'aurais jamais cru qu'il buvait.

Nous attendions que le tonnerre éclatât, mais il n'éclata pas. La gravité de l'état de Papa se mesurait au

fait qu'il se contenta de jeter à l'homme un regard fou-
droyant.

— Tâchez d'être poli, dit Maman sur un des tons les
plus vifs qu'elle ait employés de sa vie, vous ne voyez
donc pas qu'il est gravement malade !

Maman et grand-maman aidèrent Papa à monter
jusqu'à sa chambre. Nous l'entendîmes gémir tout le
long de l'escalier.

Dans la soirée, Maman nous raconta l'histoire pendant que Papa ronflait sous l'effet d'un somnifère. Elle
avait attendu dans le salon du Dr Burton pendant
l'opération. Papa s'était senti très bien tant qu'il était
resté sous l'effet de l'anesthésie locale. Il était même
entré dans le salon, souriant et brandissant une de ses
amygdales au bout d'une pince.

— Une de sortie et une à venir, Lillie ! dit-il à
Maman. Aucune douleur, comme si c'était un bout de
bois.

Après un temps qui paraissait interminable, il était

sorti de nouveau et avait pris son chapeau et son manteau. Il souriait toujours, mais moins franchement qu'auparavant.

— Ça y est, dit-il, presque sans douleur. Tout va bien. Allons-nous-en, j'ai encore faim.

Et puis, comme Maman l'observait, son entrain disparut et il commença à faiblir.

— On m'a assassiné, gémit-il. J'ai une hémorragie. Burton, venez ici, qu'est-ce que vous m'avez fait ?

Le docteur sortit de son bureau et il faut mettre à son crédit qu'il avait l'air de plaindre Papa. On lui avait, à lui aussi, ôté les amygdales.

— Ça ira très bien, vieux pionnier, seulement vous avez choisi le plus dur chemin.

Il était manifeste que Papa ne pourrait pas tenir le volant et Maman avait appelé un taxi.

Ce fut un homme du garage qui remorqua jusque chez nous « Foolish Carriage » dans la soirée.

— J'ai essayé de vous la reconduire, expliqua-t-il à Maman, mais je n'ai pas pu la faire bouger. J'ai bien mis facilement le moteur en marche, seulement chaque fois que j'embrayais, il ne faisait que cracher et sauter. C'est la plus étonnante voiture que j'aie jamais vue !

— Je crois que personne d'autre que Mr. Gilbreth ne la comprend, dit Maman.

Papa resta couché quinze jours et c'était la première fois que nous le voyions malade. Il ne pouvait ni fumer, ni manger, ni parler. Ses yeux seuls pouvaient lancer des éclairs. Ils en lancèrent pendant deux minutes au moins quand Bill, une après-midi, lui demanda si on lui avait ôté les amygdales à la manière spartiate.

Papa ne recouvra la voix que le jour où il ne put s'empêcher de bondir hors du lit. Il était étendu, soutenu par des oreillers, en train de lire le courrier de son bureau. Il y avait une lettre de Mr. Coggin, le cameraman.

« *J'ai le regret de vous dire, Mr. Gilbreth, qu'aucun des films n'a donné quelque chose. J'avais oublié d'ôter l'obturateur intérieur de l'objectif. Je suis tout à fait désolé. Coggin. — P.S. Je démissionne.* »

Papa rejeta les couvertures, attrapa sa robe de chambre. Pour la première fois depuis quinze jours, il parla :

— Je le poursuivrai jusqu'au bout du monde, rugit-il, je lui arracherai les amygdales, morceau par morceau, avec un tire-boutons, comme je le lui ai promis. Il ne démissionne pas. Je le flanque dehors.

XI
Nantucket

Nous passions nos étés à Nantucket, dans le Massachusetts, où Papa avait acheté deux phares réformés par l'État et un cottage délabré qui avait l'air d'avoir été abandonné par une armée en déroute. Papa avait fait déplacer les phares de telle sorte qu'ils flanquaient la maison. L'un servait à Papa et à Maman de bureau et de refuge, l'autre était utilisé comme chambre à coucher pour trois enfants.

Papa avait baptisé le cottage « le Soulier » en l'honneur de Maman, qui, disait-il, lui rappelait la vieille dame de la chanson « qui vivait dans un soulier avec tant d'enfants ».

Le cottage et les phares étaient situés sur une bande de terrain plat entre la falaise élégante et la plage. Il n'y avait à côté de chez nous qu'une seule maison ; elle appartenait à un couple d'artistes nommés Whitney. Après notre premier été à Nantucket, les Whitney firent placer leur maison sur des rouleaux et la conduisirent à un mille plus loin, dans un terrain libre, à l'extrémité de Brant Point. Comme cela, nous étions bien chez nous.

Nous avions l'habitude, en allant de Montclair à Nantucket, de nous arrêter pour la nuit dans un hôtel de New London dans le Connecticut. Papa connaissait le directeur et les employés et ils échangeaient toujours de lourdes plaisanteries pour le plus grand bonheur des gens qui nous avaient suivis de la rue.

— Mon Dieu, mon Dieu ! voyez ce qui nous arrive ! s'écriait le directeur, quand nous franchissions la porte.

Il se tournait vers un de ses employés.

— Alertez les pompiers et police-secours, ce sont les Gilbreth. Enlevez ce coupe-cigare du comptoir et mettez-le dans le coffre-fort.

— Ah ! Vous avez encore cette dangereuse guillotine, disait Papa en souriant. Je sais que vous regretterez d'apprendre que le doigt repousse aussi long qu'auparavant. Montre ton doigt au monsieur, Ernestine.

Ernestine tendait le petit doigt de sa main gauche. Lors d'un de nos précédents passages, elle avait eu la curiosité de l'introduire dans le coupe-cigare et elle en avait perdu deux ou trois millimètres. Elle avait abondamment saigné sur le tapis, pendant que Papa essayait de lui mettre une poupée en réclamant un médecin à grands cris.

— Dites-moi, demandait Papa, prenant une plume pour nous inscrire sur le registre de l'hôtel, est-ce que mes petits Irlandais payent moins cher à la douzaine ?

— Irlandais ! Si je portais un turban, vous les appelleriez Arabes. Combien sont-ils maintenant ? L'année dernière, quand j'ai fait la note, vous avez réclamé en disant qu'il n'y en avait que sept et j'en compte au moins une douzaine cette année.

— Il est fort possible qu'on en ait ajouté quelques-uns depuis, admit Papa.

Le directeur appelait quatre garçons d'étage.

— Vous quatre, menez Mr. et Mrs. Gilbreth et leurs sept ou je ne sais combien d'Irlandais au 503, 504, 505, 506 et 507, et prenez soin d'eux, n'est-ce pas.

Quand nous commençâmes d'aller à Nantucket, qui est au large de la pointe de Capecod, les automobiles étaient interdites dans l'île, et nous devions laisser la Pierce Arrow dans un garage de New Bedford. Plus tard, quand l'interdiction fut levée, nous prenions la voiture avec nous sur le *Gay Head* ou le *Sankaty*, les deux bateaux à vapeur qui faisaient la navette entre l'île et la terre ferme. Papa avait une manière terrifiante de franchir la passerelle en marche arrière. Maman exigeait que nous descendions de la voiture, que nous nous écartions et elle insistait pour que Papa mît une ceinture de sauvetage.

— Je sais que vous et l'auto tomberez à l'eau un de ces jours, disait-elle.

— Personne, gémissait Papa, même ma propre femme, n'a donc confiance dans ma façon de conduire ?

Et il ajoutait prosaïquement :

— D'ailleurs, je sais nager.

Le plus difficile problème, dans la voiture et sur le bateau, était celui des deux canaris que Martha avait eus comme prix de récitation à l'École du Dimanche. Nous les aimions, tous, sauf Papa. Il avait baptisé l'un « Ferme ça » et l'autre « M'as-tu entendu ». Il prétendait qu'ils sentaient si mauvais que tout son voyage en était gâté et que c'étaient les deux seules créatures sur la terre qui eussent des voix plus perçantes que celles de ses enfants. Tom Grieves, notre homme à tout faire, qui avait la charge de nettoyer la cage, appelait les oiseaux Pierre le Souillon et Maggie l'Ordure. Maman ne nous aurait pas permis d'employer de tels noms. Elle-même disait que c'étaient des « Esquimaux » (Esquimau signifiait pour elle tout ce qui était dégoûtant ou mal élevé). Nous, nous les nommions simplement Pierre et Maggie.

À l'un de nos voyages, Fred tenait la cage à la poupe du navire pendant que Papa embarquait la voiture. Je ne sais comment, la porte de la cage s'ouvrit et les oiseaux s'échappèrent. Ils volèrent d'abord jusqu'à une pile de marchandises entassées sur le quai, puis sur le toit d'un entrepôt. Quand Papa, ayant finalement rangé la voiture, arriva sur le pont, trois des plus jeunes enfants sanglotaient. Ils faisaient un tel bruit que le capitaine les entendit et descendit de la passerelle.

— Qu'est-ce qui ne va pas, Mr. Gilbreth ? demanda-t-il ?

— Ce n'est rien, dit Papa, qui entrevoyait une chance de mettre trente milles entre lui et les canaris. Vous pouvez larguer les amarres quand vous voudrez.

— Personne ne me dit de larguer les amarres jusqu'à ce que je sois prêt à les larguer ! déclara le capitaine avec entêtement.

Il se pencha vers Fred.

— Qu'est-ce qu'il y a, mon garçon ?

— Pierre et Maggie, hurla Fred, ils ont passé par-dessus le bastingage.

Le capitaine pâlit.

— Mon Dieu ! je redoute cela depuis que les Gilbreth ont commencé de venir à Nantucket !

— Pierre et Maggie ne sont pas des Gilbreth, dit Papa avec irritation, ne vous en occupez pas, et partez.

Mais le capitaine se pencha de nouveau vers Fred.

— Pierre et Maggie, qui ? Parle, mon garçon.

Fred cessa de pleurer.

— Je ne peux pas vous dire leur nom de famille, dit-il. Maman les appelle « Esquimaux ».

Le capitaine était ahuri.

— Je voudrais bien qu'on m'explique, murmura-t-il. Voyons, tu dis que Pierre et Maggie, les Esquimaux, ont passé par-dessus le bastingage ?

Fred fit signe que oui.

— Deux canaris ! cria Papa, désignant la cage du doigt, bien connus sous le nom de Pierre et Maggie, et quelques autres sobriquets. Ils se sont envolés, c'est sans importance. Nous ne voulons pas vous retarder plus longtemps.

— Où se sont-ils envolés, fils ?

Fred montra le toit de l'entrepôt. Le capitaine soupira.

— Je ne peux pas supporter de voir pleurer les enfants, murmura-t-il.

Il remonta sur la passerelle et donna des ordres.

Quatre membres de l'équipage armés de filets à crevettes escaladèrent le toit de l'entrepôt. Encouragés de la voix par les passagers du bateau, ils poursuivirent les oiseaux sur le toit, puis sur le quai, puis à travers les agrès du navire, puis de nouveau sur le toit de l'entrepôt. Finalement Pierre et Maggie disparurent ensemble et le capitaine dut faire abandonner la chasse.

— Je regrette, Mr. Gilbreth, dit-il, je crois que je vais être obligé d'appareiller sans les canaris.

— Vous avez déjà été trop bon, lui dit Papa, avec son plus beau sourire.

Et il fut ravi tout le long de la traversée. Il s'arrangea même pour persuader Martha de jeter par-dessus bord la cage vide, mais qui empestait quand même.

Le jour suivant, à peine étions-nous installés au cottage, qu'une boîte de carton arrivait de la part du capitaine. Elle était adressée à Fred, et il y avait des trous percés dans le haut.

— Ce n'est pas la peine de me dire ce qu'il y a dedans, dit Papa avec mauvaise humeur. J'ai un nez.

Il fouilla dans son portefeuille et tendit un billet à Martha.

— Prends ça et descends au village acheter une autre cage. J'espère que maintenant tu prendras plus de soin de ce qui t'appartient.

Notre cottage possédait un petit cabinet de toilette, mais pas d'eau chaude, pas de douches, pas de baignoires. Papa pensait que vivre une vie primitive pendant l'été était excellent pour la santé. Il croyait également que la propreté était sacrée et le résultat de tout cela était que nous devions tous aller nager au moins une fois par jour. La règle n'était jamais enfreinte, même quand la température baissait dangereusement, et qu'une pluie froide et grise tombait. Papa nous montrait le chemin, trottant de la maison à la plage, un morceau de savon dans une main et se tapant la poitrine de l'autre. Il s'élançait dans la mer en courant, plongeait, disparaissait dans un geyser d'écume. Il nageait sous l'eau un moment, faisait sortir ses pieds, agitait les orteils, redisparaissait et ressortait enfin, la tête la première, souriant, et crachant un filet d'eau entre ses dents de devant.

— Venez, criait-il, elle est merveilleuse une fois qu'on est dedans.

Et il commençait à se frotter avec son savon.

Maman était la seule, avec les bébés, à ne pas nager. Elle avait horreur de l'eau froide, de l'eau salée et du costume de bain. Elle prétendait qu'il la grattait et, bien qu'elle portât le modèle le plus ancien, avec des manches longues et des bas noirs, elle ne se trouvait jamais convenable dedans. Papa prétendait que Maman, quand elle allait se baigner, mettait plus de vêtements sur elle qu'elle n'en enlevait.

Son bain consistait à tâter l'eau du bout de son soulier de caoutchouc noir, à entrer précautionneusement jusqu'aux genoux en s'éclaboussant un peu avec ses mains, à se mouiller les épaules de quelques gouttes, et finalement, dans un élan de courage suprême, à se pincer le nez et à s'accroupir jusqu'à ce que l'eau atteignît sa poitrine. Le nez pincé était une précaution inutile, parce que son nez n'approchait en réalité jamais l'eau de moins d'un pied.

Après, claquant des dents, elle se précipitait à la maison, pour effacer avec une éponge pleine d'eau froide les traces de sel.

— L'eau était délicieuse ce matin, n'est-ce pas ? disait-elle gaiement pendant le déjeuner.

— J'ai vu des poissons qui trouvaient l'air plus délicieux que tu ne trouves l'eau, remarquait Papa.

Comme pour toutes les autres branches de l'instruction, Papa connaissait le métier de professeur de natation. Quelques-uns d'entre nous surent nager à trois ans, et tous à cinq. C'était un point de friction entre Papa et Maman qu'elle fût la seule élève à qui il n'avait pu faire faire de progrès.

— Cet été, disait-il à Maman à chaque début de vacances, je t'apprendrai, dussé-je ne faire que cela. C'est dangereux de ne pas savoir nager. Qu'est-ce que tu ferais sur un bateau en train de sombrer ? Tu me laisserais douze enfants sur les bras... Tu pourrais bien penser un peu à moi.

— J'essaierai encore, disait Maman avec patience.

Mais c'était sans espoir.

Une fois sur la plage, Papa la prenait par la main et l'entraînait. Maman partait assez bravement mais commençait à tirer en arrière dès que l'eau lui arrivait aux genoux.

Nous formions un cercle autour d'elle et lui offrions tous les encouragements que nous pouvions.

— Là, ça y est... Ça ne peut pas te faire de mal ! Regarde-moi, regarde-moi...

— Ne m'éclaboussez pas, s'il vous plaît ! Vous savez que je déteste ça !

— Pour l'amour du ciel, Lillie, viens où c'est plus profond. Tu ne peux pas apprendre à nager si tu touches le fond.

— Si loin que nous allions, je finirai toujours par le toucher quand même !

— N'aie pas peur, avance ! Ce sera différent cette fois, tu verras.

Papa la poussait jusqu'à ce qu'elle eût de l'eau à la ceinture.

— La première chose, disait-il, est d'apprendre à fai-

re la planche. Ce qu'une planche peut faire, tu dois bien pouvoir le faire aussi.

— Comme ça, Maman, regarde-moi !

— Vous, les enfants, disait Papa, écartez-vous. Voyons, Lillie, non seulement une planche, mais les enfants le font, et toi, une grande personne, tu ne pourrais pas ! Vas-y... C'est impossible que tu ne flottes pas, le corps humain empli d'air est plus léger que l'eau.

— Tu sais bien que je coule toujours.

— L'année dernière. Essaie encore. Sois sport. Avec moi, il ne t'arrivera rien.

— Je n'en ai pas envie.

— Tu n'as pas honte, devant tous les gosses ?

— Absolument pas. Mais je suppose que je n'aurai pas une minute de paix tant que je n'aurai pas essayé. Je le fais donc. N'oublie pas que je compte sur toi pour qu'il ne m'arrive rien.

— Tu flotteras, n'aie pas peur.

Maman prenait une longue aspiration, s'étendait sur la surface de l'eau et coulait comme une pierre. Papa attendait un moment, convaincu que, selon les lois de la physique, elle devait remonter. Comme elle ne remontait pas, il se baissait, dégoûté, et la repêchait. Maman étouffait, suffoquée par l'eau, et furieuse.

— Tu vois ! disait-elle quand elle avait repris sa respiration.

— Tu es sûre que tu ne le fais pas exprès ? lui demandait Papa.

— Oui, le principe d'Archimède ne s'applique pas à moi, voilà tout.

Toussant et soufflant, Maman regagnait le rivage.

— Je n'y comprends rien, disait Papa. Elle a raison. Cela réfute complètement Archimède !

Papa nous avait promis, avant que nous arrivions à Nantucket, que nous ne travaillerions sous aucune forme que ce fût, qu'il n'y aurait pas de disques de langues étrangères et aucun livre de classe. Il tint promesse, mais nous nous rendîmes compte qu'il nous apprenait toujours quelque chose sans en avoir l'air et quand nous n'y pensions pas.

Par exemple, il y eut l'histoire de l'alphabet Morse.

— J'ai trouvé le moyen que vous le sachiez sans l'apprendre, nous annonça-t-il un jour à déjeuner.

Nous lui répondîmes que nous n'avions aucun désir de savoir le Morse ni quoi que ce fût d'autre avant la rentrée des classes.

— Il n'est pas question d'étudier, dit Papa, mais ceux qui le sauront les premiers auront des récompenses. Les autres les envieront, voilà tout.

Après le déjeuner, il prit un petit pinceau et un pot de peinture noire et s'enferma au lavabo pour peindre l'alphabet Morse sur le mur. Pendant trois jours, il ne lâcha pas son pinceau, couvrant toutes les murailles du « Soulier » qui étaient blanchies à la chaux. Sur le plafond des chambres où nous dormions, il écrivit l'alphabet avec, en face des signes, des mots types pour servir d'aide-mémoire. Par exemple ! A point-trait, A-lentour. B trait-point-point-point, B-ruyamment, etc.

Quand nous étions étendus sur le dos pour nous endormir, les mots nous trottaient dans la tête, et nous nous surprenions en train de répéter : Dangereux, D trait-point-point, Dangereux...

Il peignit aussi des messages secrets sur les murs du porche et de la salle à manger.

— Qu'est-ce que cela veut dire ? lui demandions-nous.

— Beaucoup de choses, répliquait-il mystérieusement. Beaucoup de choses secrètes et très drôles.

Nous allâmes dans les chambres recopier l'alphabet et nous nous mîmes à traduire les messages de Papa. Lui, continuait de peindre comme si de rien n'était, mais il ne perdait pas un de nos gestes.

— Dieu, quel affreux calembour ! s'écria Anne. Et celui-ci, je suppose qu'il faut le mettre dans la catégorie des choses très drôles ?

— Le pis est que nous sommes piqués au vif ! grogna Ernestine. Nous ne serons pas tranquilles tant que

129

nous n'aurons pas tout traduit. Je vois trait-point-point-point ; et je me surprends à répéter : B-ruyam-ment ! Et ça, qu'est-ce que ça signifie ?

Chaque jour, Papa laissait sur la table de la salle à manger une feuille de papier contenant un message en Morse. Traduit, c'était : « Le premier qui aura compris ce message secret ira regarder dans la poche droite du pantalon de toile qui est pendu dans ma chambre. » Ou bien : « Dépêche-toi avant qu'un autre ne te précède et regarde au fond du tiroir de gauche de la machine à coudre. »

Dans la poche du pantalon ou dans le tiroir, il y avait un petit cadeau : une tablette de chocolat, une pièce de monnaie ou un bon pour un ice-cream soda, payable par Papa sur présentation.

Quelquefois, les messages étaient des attrapes : « Attention ! Pas de récompenses, mais il y en aura peut-être la prochaine fois. Dès que tu auras fini de lire, précipite-toi comme un fou. Le suivant croira que tu es sur une piste formidable, il traduira à son tour et tu ne seras pas le seul à avoir été pris. — Papa. »

Comme il l'avait prévu, nous savions tous le Morse à la perfection au bout de quelques semaines. Au point de pouvoir nous passer des messages les uns aux autres en tapant sur nos assiettes avec le bout de nos fourchettes. Quand une douzaine de personnes s'efforcent de communiquer de cette manière et que tous préfèrent lancer un message plutôt que d'en recevoir, le bruit est assez infernal pour vous rendre fou !

Mais la méthode de peinture murale avait été si efficace que Papa décida de l'appliquer pour nous apprendre l'astronomie. Il commença par éveiller notre curiosité en fabriquant un télescope avec une paire de jumelles et un trépied de photographe. Il installa l'appareil dans la cour par une nuit claire et se mit à observer les étoiles sans s'occuper de nous.

Naturellement nous nous bousculions tous autour de lui, accrochés à ses vêtements et le suppliant de nous laisser regarder dans l'instrument.

— Fichez-moi la paix, disait-il, le nez enfoui dans la lunette. Oh ! mon Dieu, je crois que ces deux étoiles vont se rencontrer. Non... Il s'en est fallu de peu ! Maintenant je vais voir ce qui se passe dans la Grande Ourse. Ah ! quelle étoile, quelle étoile !

— Papa, à nous, à nous ! Ne sois pas méchant !

À la fin, et non sans s'être bien fait prier, il nous abandonna le télescope. Nous pûmes voir l'anneau de Saturne, les trois lunes de Jupiter et les cratères de la nôtre. Bételgeuse était l'étoile favorite de Papa. Il s'intéressait particulièrement à elle parce qu'un de ses amis collaborait à des expériences en cours pour mesurer son diamètre à l'aide du procédé Michelson.

Quand il fut bien sûr que nous étions passionnés par l'astronomie, Papa commença une nouvelle série de peintures murales concernant les astres. Sur un mur, il représenta les planètes à l'échelle, depuis le petit Mercure, formé par un cercle de la taille d'une bille, jusqu'à Jupiter, aussi gros qu'un ballon de basket. Sur un autre, il figura le rapport de distance des planètes au Soleil, Mercure le plus près et Neptune le plus loin, presque dans la cuisine. Pluton n'avait pas encore été découvert, ce qui valait mieux, parce qu'il n'y aurait vraiment pas eu de place pour lui.

Le docteur Harlow Shapley, de Harvard, donna à Papa une centaine ou plus de photographies d'étoiles, de nébuleuses et d'éclipses de soleil. Il les accrocha au mur, près du sol. S'il les avait accrochées plus haut, expliquait-il, là où l'on met d'ordinaire les tableaux, les plus petits d'entre nous n'auraient pas pu les voir.

Il restait encore des espaces libres sur les murs, mais Papa était plein d'idées pour les remplir. Il cloua une feuille de papier quadrillé sur laquelle mille lignes en hauteur et mille en largeur formaient un million de petits carrés.

— Vous entendez souvent parler de millions, nous disait-il, mais peu de gens ont vu un million de choses à la fois. Si quelqu'un a un million de dollars, il possède exactement autant de dollars que vous voyez de petits carrés sur ce papier.

— Est-ce que tu as un million de dollars, Papa ? demanda Bill.

— Non, répondit Papa un peu tristement. J'ai un million d'enfants à la place. Il faut choisir entre les deux.

Il peignit aussi des diagrammes dans la salle à manger montrant la différence entre les mètres et les pieds, les kilos et les *pounds*, les litres et les *quarts*. Il peignit aussi dix-sept signes d'aspect mystérieux, chacun étant le symbole d'un « therblig » près de la porte d'entrée.

Les « therbligs » étaient une invention de Papa et de Maman. Chaque individu, disaient-ils, en possède dix-sept, et les « therbligs » peuvent être utilisés de telle sorte qu'ils rendent la vie difficile ou facile pour leur possesseur.

Un homme paresseux, prétendait Papa, fait toujours le meilleur usage de ses « therbligs » parce qu'il est trop indolent pour faire des mouvements inutiles. Chaque fois qu'il commençait d'étudier un programme d'économie du mouvement pour une usine, il débutait toujours en déclarant qu'il voulait photographier les gestes de l'ouvrier le plus paresseux.

— L'espèce d'ouvrier que je cherche, disait-il, est celui qui est si flemmard, qu'il ne se gratte même pas lui-même. Il doit bien y en avoir un quelque part. Chaque usine a le sien.

Papa avait baptisé les « therbligs » d'après son nom. C'est à peu de choses près l'anagramme de Gilbreth. Ils étaient les théorèmes de base de son travail et il en sortait des leviers à pied pour ouvrir les boîtes à ordures, des chaises spéciales pour ouvrier d'usine, de nouveaux modèles de machines à écrire, des modifications concernant quelque appareil technique. C'est aussi en utilisant les therbligs que Papa avait appris aux employés d'une grande maison de chaussures comment déchausser un client en sept secondes et le rechausser, laçage compris, en vingt-deux.

Actuellement, un therblig est devenu une unité de

mouvements ou de pensée. Supposez un homme qui entre dans sa salle de bains pour se raser. Supposez encore que son visage soit couvert de savon et qu'il soit prêt à prendre son rasoir. Il sait où est placé le rasoir, mais il doit d'abord le situer du regard ; c'est le premier therblig : *rechercher*. Son regard le découvre et s'arrête, c'est le second therblig : *trouver*. Le troisième est : *choisir*, qui consiste à faire glisser le rasoir, avant le quatrième : *saisir*. Le cinquième est : *transporter*, consistant à élever le rasoir au visage, et le sixième : *mettre en position*, qui est de placer la lame comme elle doit l'être sur la peau. Il y a onze autres therbligs, le dernier est : *penser*.

Quand Papa analysait un mouvement, il commençait par le diviser en therbligs et après s'efforçait de réduire le temps nécessaire à l'accomplissement de chaque therblig. Tous les therbligs avaient leur signe symbolique et, une fois qu'ils étaient peints sur le mur, Papa nous les faisait appliquer à nos besognes domestiques, faire les lits, balayer, laver la vaisselle, épousseter.

Cependant le « Soulier » et ses phares étaient devenus une attraction pour les touristes qui visitaient Nantucket. Cette attraction ne comportait pas la descente de voiture et, plus tard, des cars. Mais nous avions entendu les guides donner des détails singuliers et fantaisistes sur la maison et la famille qui l'habitait. À l'occasion, quelques personnes venaient jusqu'à la porte et demandaient à jeter un coup d'œil. Si la maison était en ordre, nous laissions faire.

Ainsi, et de la façon la plus inattendue, des noms étrangers commencèrent-ils d'apparaître sur le livre d'or que nous laissions dans la pièce du devant.

— Est-ce que ce sont de tes amis ? demanda Papa à Maman.

— Je n'en ai jamais entendu parler. Ce sont peut-être des amis des enfants.

Quand nous eûmes affirmé que nous ne les connaissions pas, Papa interrogea Tom Grieves. Il admit aussitôt qu'il avait fait visiter la maison et les phares à des touristes pendant que nous étions sur la plage. La « visite » de Tom comprenait les dortoirs, la chambre de Papa et de Maman où vivait le bébé et même le lavabo, pour montrer l'alphabet Morse. Certains visiteurs voyant le livre d'or croyaient qu'ils devaient signer. Tom se tenait à la porte pendant que les touristes défilaient et recevait souvent des pourboires.

Maman était folle furieuse.

— Je n'ai rien vu de pareil depuis que je suis née ! Penser qu'on trimballe des étrangers dans notre propre chambre, et dans cette maison qui a toujours l'air de sortir d'un naufrage !

— Voyons, disait Papa, convaincu que les touristes étaient venus pour se rendre compte de ses méthodes d'éducation visuelle, nous n'avons pas à être égoïstes pour les idées que nous avons développées. Ce n'est peut-être pas une mauvaise chose de laisser le public voir ce que nous faisons.

Il se penchait en arrière, pensivement, sur son siège, un vieux banc d'acajou échappé de quelque église. Papa l'avait trouvé en morceaux dans le sous-sol du chalet. Il l'avait remis d'aplomb avec soin, frotté et verni. C'était son siège de prédilection, le seul dans lequel il se sentît confortable et dans lequel il eût totale confiance.

— Je me demande combien Tom a pu récolter, dit-il à Maman. Nous pourrions peut-être faire une sorte d'arrangement et partager avec lui les pourboires des futures entrées ?

— Quelle idée ! s'écria Maman. Il n'y aura pas de futures entrées...

— Ne comprends-tu pas la plaisanterie ? Tu penses bien que je disais cela en riant ! Où est ton sens de l'humour ?

Maman secoua la tête.

— Je sais bien que je passe pour n'en avoir aucun. Mais as-tu jamais pensé qu'il pourrait y avoir quelque part des femmes qui penseraient que leur mari plaisante s'il leur disait qu'il a acheté deux phares et...

Papa éclata de rire et, comme il se balançait d'avant en arrière, il fit trembler la maison au point que la chaux du plafond s'écailla et lui tomba sur la tête. Quand Papa riait, tout le monde riait. On ne pouvait faire autrement. Et Maman, après de vains efforts pour garder son sérieux, se mit à rire aussi.

— Sapristi, dit Papa, je crois qu'il y a un certain nombre de femmes qui ne voudraient pas non plus que l'alphabet Morse, les planètes et même les therbligs fussent inscrits partout sur les murs. Viens ici, patronne. Je retire tout ce que j'ai pu jamais dire sur ton sens de l'humour !

Maman s'approcha et épousseta la chaux sur ce qui restait de cheveux sur la tête de Papa.

XII
Le "Rena"

Papa fit l'acquisition du *Rena* pour nous récompenser d'avoir appris à nager. C'était un bateau-chat de vingt pieds de long et presque autant de large. Il était obéissant, vieux et plein de dignité.

Avant qu'il nous fût permis de mettre un pied dessus, Papa nous fit une série de cours sur la navigation, les marées, le compas magnétique, la manœuvre, les épissures, le droit de passage et la terminologie maritime. Le radar n'avait pas encore été inventé. Et l'on peut se demander si, en dehors de l'Académie navale d'Annapolis, aucun Américain a jamais reçu une plus complète instruction avant de monter sur un bateau-chat.

Ensuite nous fîmes toute une série de croisières sèches sur le porche du « Soulier ». Papa, assis sur une chaise et tenant une canne comme s'il était à la barre, aboyait ses ordres en faisant évoluer son embarcation imaginaire dans un port plein de traîtrises.

Nous nous asseyions en ligne sur le sol à côté de lui, prétendant que nous amenions la voile au vent. Papa se frottait les yeux comme s'ils étaient embués d'un embrun fictif et scrutait l'horizon à la recherche d'un cachalot, d'un vaisseau fantôme ou d'une masse flottante d'ambre gris.

— Le phare de Great Point à bâbord, criait-il. Halez la voile et nous essaierons d'atterrir là.

Il tournait la poignée de sa canne vers le but inventé et deux d'entre nous manœuvraient un cordage également inventé.

— Droit dans cette direction, commandait Papa. Plus vite.

Nous faisions semblant d'enrouler la corde autour d'un taquet.

— Attention, criait-il, pare à virer. Laissez aller...

Cette fois, il poussait sa canne à fond du côté du vent. Nous baissions la tête et nous nous précipitions de l'autre côté du porche pour garnir le bord opposé.

— Maintenant, nous allons atterrir et prendre notre mouillage. C'est une manœuvre qu'il faut faire à la fin de chaque traversée. Les bons marins réussissent du premier coup. Il n'y a que les marins d'eau douce qui sont obligés de s'y reprendre à plusieurs fois.

Il se tenait à l'arrière, la meilleure place pour surveiller l'ensemble.

— Attention. Laisse filer la voile, Bill. Mets-toi au milieu du bateau, Martha. Montez sur le bord avec la gaffe, Anne et Ernestine, et ne manquez pas l'accrochage. Au milieu, Frank, à l'avant, Fred...

Nous courions autour du porche pour occuper nos postes jusqu'à ce que Papa fût satisfait et assuré que son équipage serait prêt pour la haute mer.

Il n'était nulle part plus heureux qu'à bord. Dès qu'il mettait le pied sur le doris qui nous conduisait jusqu'au mouillage du *Rena* sa personnalité changeait.

Nous n'étions plus sa chair et son sang, mais un équipage recruté parmi la lie des tavernes et des marchés de chair humaine de quelque port exotique. Le *Rena* n'était plus un modeste bateau-chat, mais un brillant quatre-mâts doublant le cap Horn à la recherche d'épices rares et des trésors sans prix des Indiens. Papa insistait pour que nous l'appelions Capitaine au lieu de Papa et toutes nos phrases devaient être polies et se terminer par « Monsieur ».

— C'est la même chose que lorsqu'il était dans l'armée, murmurait Ernestine. Rappelle-toi qu'il avait fait couper les cheveux de Frank et de Bill à l'ordonnance, qu'il fallait venir au rapport, apprendre à saluer... et la salle de police !

— Taisez-vous, panier de crabes, criait Papa. Pas de murmures séditieux sur le pont arrière.

Anne, étant l'aînée, fut proclamée premier maître du *Rena*. Ernestine était second maître, Martha troisième et Frank quatrième. Les plus jeunes composaient l'équipage de matelots à tout faire qui assuraient les corvées.

— Il me semble que le vent grossit, monsieur, disait Papa à Anne. Je prendrais un ris dans cette grand-voile.

— Bien, bien, monsieur.

— Le *Rena* n'a qu'une seule voile, Papa, disait Lill. Est-ce que c'est celle que tu appelles la grand-voile ?

— La paix, marin d'eau douce, ou tu feras connaissance avec le bon bout de ma garcette.

Le bon bout de la garcette n'était pas une vaine menace. Les marins ou les maîtres d'équipage qui ne sautaient pas dès que Papa donnait un ordre recevaient en fait un coup de corde. Ça fait mal, oui.

L'exemple de Papa était contagieux et bientôt ses seconds eurent la parole aussi tranchante et la bouche aussi fournie d'invectives que lui pour s'adresser au ramassis de gredins et d'ivrognes qui étaient leurs subordonnés. Ils finissaient par nous convaincre que notre vieux *Rena* était un bateau de pirates.

— Il faut enrouler ces filins, disait Papa à Anne.

— Oui, oui, monsieur. Allez, canailles ! Réveillez-vous ou je vous fais basculer à fond de cale !

S'il y avait eu des fers à bord, ils eussent été mis aux pieds du maladroit ou du misérable qui oubliait ses devoirs et faisait rater à Papa son accostage. S'y reprendre à deux fois pour cette manœuvre était l'humiliation suprême, et il lui semblait que tous les yachtmen et tous les capitaines au long cours du front de mer se tordaient les côtes de rire en se moquant de lui. Il lâchait la barre, rougissait de colère et avançait, garcette en main, vers le coupable. Plus d'une fois, le malheureux, pris d'une terreur panique, sautait par-dessus bord, préférant nager jusqu'au rivage où il aurait à tenir tête à son Papa plutôt que d'avoir affaire au capitaine sur le dernier retrait du gaillard d'arrière de son navire.

Une fois que Papa nous réprimandait d'avoir raté l'accostage, nous accusant d'incapacité générale et saisissant une corde pour nous infliger une correction collective, l'équipage entier sauta à l'eau, exécutant une manœuvre improvisée d'abandon de poste. Le capitaine resta seul à la barre, hurlant de menaçants avertissements sur le danger des requins et les châtiments réservés aux mutins. Or, cette fois-là, Papa accosta seul sans aucune difficulté. Cela nous prouva, ce dont nous nous doutions depuis longtemps, qu'il n'avait aucun besoin de nous, mais que cela l'amusait de nous apprendre à naviguer et d'avoir un équipage sous ses ordres.

Au cours des années, le vieux *Rena* resta impassible, n'accordant aucune attention apparente au fou qui s'était imposé à lui au crépuscule de sa vie. C'était un trop vieux loup de mer pour apprendre de nouveaux tours.

Une fois seulement et juste pendant un instant, il manifesta son tempérament. Après une longue navigation, le brouillard était venu et le pont glissait comme une toile cirée. Nous avions manqué l'abordage une première fois et le capitaine était de mauvaise humeur. Nous réussîmes parfaitement la manœuvre la seconde fois. À son habitude, le capitaine était debout à l'arrière, criant ses ordres pour larguer la voile. Juste avant que la voile tombât, une rafale secoua le *Rena* qui réagit en fouettant sauvagement de son boute-hors la surface du bateau. Le capitaine vit le mât arriver, mais n'eut pas le temps de se baisser et reçut le coup en plein profil. Un coup terrifiant, qui le souleva et le précipita, tête la première, dans l'eau.

Il ne reparut pas pendant presque une minute. L'équipage, quoique ne nourrissant pas de tendres sentiments envers son capitaine, commença à s'effrayer pour son Papa. Nous allions plonger pour essayer de le rattraper quand émergea à la surface une paire de pieds dont les orteils se mirent à s'agiter. Nous comprîmes alors que tout allait bien. Les pieds disparurent et, quelques instants plus tard, la tête de Papa reparut à son tour. Il saignait du nez, mais il souriait et n'oubliait pas de cracher un mince filet d'eau entre ses dents.

— L'oiseau qu'on appelle éléphant, murmura-t-il faiblement, et nous retrouvâmes notre Papa.

Mais pour pas longtemps.

Aussitôt qu'il eut repris ses esprits et ses forces, il redevint le capitaine.

— Allons, espèces de homards cuits, grouillez-vous, cria-t-il. Jetez un filin à votre capitaine et aidez-le à se hisser à bord. Dépêchez-vous, nom d'un pétard, si vous ne voulez pas que je casse la tête au damné gredin qui m'a fait tomber le boute-hors sur la tête.

XIII
Avez-vous vu le dernier modèle ?

Il ne se passait presque pas d'années qui n'apportât un nouveau Gilbreth. Papa et Maman avaient souhaité tous deux avoir une grande famille. Et si c'était Papa qui avait fixé le nombre d'enfants à une douzaine, Maman avait été volontiers d'accord.

Papa avait fait allusion au chiffre douze pour la première fois le jour même de leur mariage. Ils venaient de prendre le train à Oakland, en Californie, après la cérémonie, et Maman tentait d'affecter un air blasé, comme si elle avait été mariée depuis des années. Elle aurait peut-être réussi si Papa n'avait pas murmuré avec emphase, quand elle avait ôté son chapeau avant de s'asseoir :

— Mon Dieu, ma femme, pourquoi ne m'aviez-vous pas dit que vous étiez rousse !

Les têtes des voyageurs se levèrent pour regarder. Maman s'affaissa sur son siège et se recroquevilla dans un coin où elle essaya de se cacher derrière un magazine. Papa s'assit à côté d'elle. Il ne dit plus un mot jusqu'à ce que le train eût pris assez de vitesse pour qu'ils puissent parler sans que tout le wagon les entendît.

— Je n'aurais pas dû dire cela, murmura-t-il, mais

c'est parce que je suis si fier de vous que j'ai envie que tout le monde vous regarde et sache que vous êtes ma femme.

— Cela ne fait rien, mon ami. Je suis heureuse que vous soyez fier de moi.

— Nous allons avoir une vie merveilleuse, Lillie. Une vie merveilleuse et une merveilleuse famille. Une belle grande famille.

Maman sourit.

— Nous aurons des enfants dans toute la maison. De la cave au grenier !

— Du parquet à la suspension !

Maman posa le magazine sur la banquette entre elle et Papa et ils se tinrent la main par-dessous.

— Combien pensez-vous que nous en aurons ? demanda Maman. Approximativement ?

— Approximativement, beaucoup.

— Des tas et des tas !

— Enlevons le marché pour la douzaine, dit Papa. Pas moins. Qu'en pensez-vous ?

— Je pense, dit Maman, qu'une douzaine, ce sera parfait. Pas moins.

— C'est un minimum !

— Filles ou garçons ?

— Des garçons, ce serait bien, murmura Papa. Une douzaine de garçons, oui. Mais... des filles, ce serait bien aussi. Sûrement... Enfin, je crois...

— J'aimerais avoir moitié filles, moitié garçons. Pensez-vous que cela irait d'avoir la moitié en filles ?

— Si c'est ce que vous souhaitez, dit Papa, nous nous arrangerons pour cela. Excuse-moi une minute, je vais le noter.

Il prit son agenda de poche et écrivit solennellement :

« Ne pas oublier d'avoir six filles et six garçons. »

Et ils eurent douze enfants, six garçons et six filles en dix-sept ans. Au désappointement de Papa, ils n'eurent ni jumeaux, ni triplés, ni quadruplés. Il était convaincu que la meilleure manière de constituer une nombreuse famille eût été de l'avoir en une seule abondante « portée », et que toute l'affaire fût réglée en une fois !

A peu près un an après leur mariage et pendant que Maman attendait son premier bébé, Papa lui confia qu'il avait dans l'idée que tous leurs enfants seraient des filles.

— Est-ce que cela ferait beaucoup de différence pour toi ? lui demanda Maman.

— Beaucoup de différence ?

Papa avait l'air surpris.

— D'avoir une douzaine de filles et pas de garçons ?

Mais comprenant que cela pourrait faire de la peine à Maman, il ajouta rapidement :

— Mais non, naturellement pas. Tout ce que tu décideras sera bien.

La conviction qu'avait Papa de n'avoir pas de garçon était appuyée sur l'idée que le nom des Gilbreth, dont il était extrêmement fier, cesserait d'exister avec lui et qu'il était le dernier de la lignée. Papa était le seul survivant mâle des Gilbreth. Il y en avait bien deux ou trois autres dans le pays, mais ils étaient apparemment sans relations de parenté avec lui. Le nom de Gilbreth, en ce qui concernait la famille de Papa, était une corruption relativement récente de Gilbraith. Un greffier quelconque, dans une petite ville du Maine, avait mal orthographié Gailbraith sur un document officiel et le grand-père de Papa avait trouvé plus facile de changer son nom en Gilbreth, comme on l'avait écrit, que de changer le document.

Quand Anne naquit à New York, Papa n'eut aucun regret parce qu'il avait toujours pensé que ce serait une fille. On peut se demander si un père fut jamais plus que lui fou de sa progéniture. Il valait donc mieux qu'Anne fût une fille. Si ç'avait été un garçon, il aurait aussi bien pu perdre complètement la tête.

Il avait depuis longtemps ses théories sur les bébés et à l'arrivée d'Anne il était anxieux de les mettre en pratique. Il croyait que les enfants, comme les petits singes, naissaient avec un instinct de conservation vitale, mais que cet instinct disparaissait parce qu'on les couvait dans un berceau. Il croyait également qu'ils commençaient à apprendre les choses dès les premières minutes et qu'il était mauvais de les garder à la nursery. Il défendit toujours de « parler bébé » en présence d'Anne et de n'importe quel autre enfant.

— La seule raison pour laquelle un bébé « parle bébé », disait-il, est qu'il n'a pas entendu autre chose des grandes personnes. Il y a des enfants qui sont déjà grands avant d'avoir compris que le monde entier ne parle pas « bébé ».

Il pensait que, pour qu'un enfant se sentît en sûreté et désiré dans le cercle de sa famille, il fallait qu'il fût élevé à côté de ses parents. Il plaçait le moïse d'Anne sur son bureau dans la chambre conjugale et lui parlait comme à une grande personne, aussi bien de béton, d'un nouveau hangar à bateaux et du « rendement » que de toutes les autres petites sœurs qu'elle allait avoir.

La nurse allemande que Papa avait engagée était pleine de mépris.

— La petite ne peut pas comprendre un mot de ce que vous dites, maugréait-elle.

— Et qu'est-ce que vous en savez ? répondait-il. Je veux que vous parliez allemand comme je vous l'ai dit quand vous êtes devant l'enfant. Je veux qu'elle apprenne les deux langues.

— Qu'est-ce qu'un bébé de deux semaines peut comprendre de l'allemand ?

— Ne vous en occupez pas. Je vous ai engagée parce que vous parliez allemand et je veux que vous le parliez.

Il prenait Anne et la mettait sur ses épaules.

— Tiens-toi, maintenant, bébé. Imagine que tu es un petit singe dans un arbre de la jungle. Tiens-toi pour sauver ta vie.

— Attention, disait la nurse. Elle ne peut se retenir à

rien, elle n'a que deux semaines. Vous allez la faire tombér. Prenez garde.

Papa s'irritait.

— Je fais attention. Naturellement elle ne sait pas se tenir, mais c'est parce que vous et sa mère la dorlotez trop et que vous réprimez tous ses instincts naturels. Montre à nurse comme tu sais te tenir, Anne, mon bébé.

Anne ne pouvait pas. En revanche, elle rejeta un peu de lait sur l'épaule de Papa.

— Est-ce une façon de se conduire ? lui dit-il. Tu me déçois. Mais ne t'en fais pas, chérie. Je sais que ce n'est pas de ta faute. C'est la façon dont on te berce. Il y a de quoi tourner l'estomac de n'importe qui.

— Tu ferais mieux de me la donner maintenant, intervint Maman. C'est assez de culture physique pour aujourd'hui.

La semaine suivante, Papa demanda à Maman de lui laisser se rendre compte si les enfants naissaient avec l'instinct de la natation.

— Quand tu jettes un petit singe dans une rivière, automatiquement il se met à nager. C'est le moyen que les mamans singes emploient pour leur petit. Je voudrais essayer avec Anne dans la baignoire. Je ferai attention qu'il ne lui arrive rien.

— Êtes-vous fou ? cria la nurse. Mrs. Gilbreth, vous n'allez pas le laisser noyer cette enfant ?

— Tenez-vous tranquille, lui dit Papa, et peut-être allez-vous apprendre quelque chose.

Anne aimait beaucoup la grande baignoire. Mais elle ne fit aucune tentative pour surnager et Papa dut convenir que son expérience était un échec.

— Oui, mais si ç'avait été un garçon ! dit-il sourdement à la nurse quand Maman fut hors de portée de sa voix.

Le bureau sur lequel on posait le moïse d'Anne, à côté du lit, était plein d'un fouillis de papiers, de numéros du magazine l'*Age de Fer* et des placards d'épreuves d'un livre que Papa venait d'écrire sur le ciment armé. Maman utilisait « l'inévitable perte de temps » de ses couches pour corriger les épreuves. La nuit, quand tout était éteint, Papa pouvait atteindre le moïse et caresser la main du bébé. Une fois que Maman s'était éveillée, elle le surprit penché sur la petite et murmurant :

— Hou... Hou, la 'tite fifille à son papoute...

Maman sourit sous les draps.

— Qu'est-ce qu'il y a, mon ami ? demanda-t-elle.

Papa grommela comme pour s'éclaircir la gorge.

— Rien, rien. Je disais seulement à ce vilain petit démon braillard qu'elle était plus embêtante qu'un tonneau de singes.

— Et tout à fait aussi drôle ?

— Exactement.

Papa et Maman déménagèrent pour un autre appartement à New York, Riverside Drive, où Mary et Ernestine naquirent. Puis toute la famille alla à Plainfield, dans le New Jersey, où Martha vint au monde.

Ses quatre filles réconcilièrent Papa avec son destin d'être le dernier des Gilbreth. Il n'en avait pas d'amertume, il était résigné. Il répétait qu'une douzaine de filles lui conviendrait aussi bien et il faisait des plaisanteries à propos de son harem. Quand il y avait des visites, il présentait Anne, Mary et Ernestine. Puis il allait prendre Martha dans son berceau et l'amenait au salon.

— Et voilà, disait-il, le dernier modèle. Complet avec tous les perfectionnements. Et ne croyez pas que c'est tout ! Nous attendons le modèle 1911 un de ces jours, le mois prochain.

Bien que l'aspect de Maman rendît cette annonce superflue, il ne manquait jamais de la faire. Et il n'arrivait pas à comprendre pourquoi Maman en était gênée.

— Je ne vois pas pourquoi cela t'ennuie, lui disait-il après. C'est une chose dont on peut être fière.

— Naturellement. Je suis peut-être vieux jeu, mais ça me semble une inconvenance de le crier sur les toits ou de le confier à des étrangers avant que le bébé soit là.

Elle savait très bien que Papa ne pouvait pas s'empêcher de parler de ses enfants, aussi bien de ceux qui étaient déjà nés que de ceux qui viendraient dans l'avenir.

En dépit des protestations de Maman, il avait décidé que son cinquième enfant porterait le même nom qu'elle. Maman n'aimait pas son nom de Lillian et avait refusé qu'il fût choisi pour l'une de ses quatre premières filles.

— Pas de bêtises, maintenant, dit Papa. Nous sommes à court de prénoms et celle-ci nous l'appellerons comme toi. Je veux une petite Lillian.

— Et si c'est un garçon ?

Papa grogna.

— Un garçon ? Qui désire un garçon ?

— Tôt ou tard, il y aura un garçon. Regarde ce qui est arrivé dans ma famille.

La mère de Maman avait eu six filles avant d'avoir un fils.

— Bien sûr, soupira Papa. Mais ton père n'était pas le dernier des Gilbreth !

Quand le docteur Hedges sortit de la chambre de Maman et annonça que la mère et le cinquième bébé se portaient bien, Papa lui dit que le « dernier modèle » serait appelé Lillian.

— C'est un nom charmant, répondit le docteur aimablement. Tout à fait charmant. Peut-être les garçons de sa classe le taquineront-ils d'avoir un nom de fille, mais...

— C'est vrai, murmura Papa, je n'avais pas pensé à...

Soudain, il attrapa le docteur par l'épaule et le secoua.

— Les garçons ? cria-t-il. Vous avez dit garçons ?

Le docteur Hedges souriait.

— Je suis au regret de vous contrarier, surtout que vous avez dit à tout le monde à quel point vous désiriez une cinquième fille pour votre harem. Mais celui-ci...

Papa l'écarta et se précipita dans la chambre où son premier fils dormait dans un berceau qui commençait à être usé, sur le bureau couvert une fois de plus d'épreuves d'imprimerie. Papa et Maman s'arrangeaient pour que la parution de leurs livres coïncidât avec la période annuelle « d'inévitable perte de temps » que Maman devait observer.

— Tout le portrait de son père ! murmura-t-il, penché sur le berceau. Pas un pouce qui ne soit Gilbreth. Oh ! Lillie, comment as-tu fait ?

— Il te plaît ? demanda Maman dans un souffle.

— Nous n'avons jamais fait mieux, dit Papa.

Et il ajouta :

— Tu sais, je ne te l'ai pas dit avant, parce que je ne voulais pas te tourmenter et que tu faisais de ton mieux. Mais j'avais vraiment envie tout le temps d'avoir un garçon.

— Tu voulais tellement l'appeler comme moi. Tu es sûr que tu n'as pas de regret ?

Papa ne put que pousser un petit sifflement.

— Quel nom lui donnerons-nous ? demanda Maman.

Papa n'écoutait pas. Il était toujours penché sur le berceau. Il n'y avait qu'un léger doute d'ailleurs dans l'esprit de Maman, et Papa trancha la question par le discours qu'il adressa au bébé.

— Je vais te laisser maintenant pendant quelques minutes, Mr. Frank Bunker Gilbreth junior, dit-il, faisant sonner le nom et s'en gargarisant. J'ai quelques coups de téléphone à donner et quelques télégrammes à envoyer. Il faut aussi que j'achète des joujoux qui conviennent à un garçon. Tous ceux qui remplissent cette maison sont des joujoux de filles. Sois sage pendant mon absence et prends soin de ta mère. C'est ton affaire dès maintenant.

Et il lança à Maman par-dessus son épaule :

— Je reviens dans quelques minutes, Lillie.

— Adieu, ex-dernier des Gilbreth, murmura Maman.

Mais Papa n'écoutait pas. Comme il refermait la porte, Maman l'entendit crier :

— Anne, Mary, Ernestine, Martha.. Savez-vous la nouvelle ? C'est un garçon ! Frank Bunker Gilbreth junior. Vous ne trouvez pas que ça sonne bien ? Un Gilbreth cent pour cent. Tout le portrait de son père. Allô, allô, l'inter... Longue distance, s'il vous plaît... c'est un garçon...

Ayant ainsi fabriqué une fois un garçon, Papa se persuada facilement que tous ses autres enfants seraient des garçons.

— Les quatre premiers, c'était pour se faire la main, déclara-t-il à Maman en jetant des regards qu'il s'efforçait de rendre féroces à ses filles. Naturellement, je pense que nous devons les garder quand même. Elles peuvent un jour devenir commodes pour récurer les plats et les casseroles et repriser les chaussettes des hommes. Mais je ne crois pas que nous ayons besoin d'en avoir davantage.

Les filles se ruèrent sur Papa et le renversèrent sur le tapis. Martha, utilisant les poches de son veston comme marchepied, lui grimpa sur l'estomac et les trois autres le chatouillèrent tellement que Martha faillit tomber, secouée par ses éclats de rire.

*

Le numéro six naquit à Providence où toute la famille s'était transportée en 1912. Comme Papa l'avait prédit, le nouveau venu était un garçon et on le nomma William, du nom du père de Maman et d'un de ses frères.

— Bon travail, Lillie, dit Papa à Maman.

Mais, cette fois, il ne lui fit pas d'éloge particulier et le ton de sa voix indiquait que Maman n'avait fait qu'accomplir la bonne besogne que l'on pouvait attendre d'une femme compétente.

Il ajouta :

— Voilà notre première demi-douzaine.

Et quand ses amis lui demandèrent si le nouveau bébé était un garçon ou une fille, il répondit tout naturellement.

— Nous avons un autre garçon.

Papa n'était pas là pour l'accouchement. Lui et Maman étaient tombés d'accord que cela ne lui servait à rien de se promener de long en large dans le hall pendant ce temps-là, et les affaires de Papa l'absorbaient de plus en plus à l'époque.

Maman avait fait ses six premières couches chez elle et non à la clinique, parce qu'elle préférait s'occuper de la maison et aider Papa dans son travail jusqu'au dernier moment. Il y avait une période de vingt-quatre heures pendant laquelle elle n'était pas bonne à grand-chose. Mais elle avait préparé tous les menus d'avance et la maison continuait à tourner rond pendant la journée de sa délivrance. Les dix ou quinze jours suivants, durant lesquels elle restait couchée, nous défilions tous les matins auprès d'elle, afin qu'elle pût nouer elle-même les rubans dans les cheveux des filles et constater que les garçons s'étaient lavés convenablement. Le soir, nous revenions près d'elle nous occuper du bébé et elle nous lisait *Les Cinq Petits Grains de poivre.* Ce livre l'amusait autant que nous, et elle aimait particulièrement un certain personnage nommé Phronsie, ou quelque chose comme cela.

Quand la mère de Papa vint vivre avec nous, Maman décida d'avoir le numéro sept à la clinique de Providence, puisque grand-maman pourrait s'occuper de la maison à sa place. Six heures après que Maman fut entrée à la clinique, une infirmière téléphona et annonça à Papa que Mrs. Gilbreth avait un garçon de neuf livres.

— Travail express, dit Papa à grand-maman. Elle a vraiment découvert le meilleur moyen d'accoucher.

Grand-maman demanda si c'était un garçon ou une fille.

— Un garçon, bien sûr, grâce au Ciel ! répliqua-t-il. Qu'est-ce que vous croyez ?

Quelques minutes plus tard, nouveau coup de téléphone. Il y avait erreur. C'était une Mrs. Gilbert et non Gilbreth qui avait eu un garçon.

— Bon. Et alors ? Qu'est-ce que ma femme a ? Je ne m'intéresse à aucune Mrs. Gilbert, que ce soit obstétriquement ou non.

L'infirmière s'excusa...

— Naturellement, monsieur. Voulez-vous attendre un moment, je vais m'informer pour Mrs. Gilbreth.

Elle revint peu après.

— Mrs. Gilbreth semble avoir quitté la clinique, monsieur.

— Quitté ? Il y a à peine six heures qu'elle y est. Est-ce qu'elle a un garçon ou une fille ?

— Nos fiches ne mentionnent ni l'un ni l'autre.

— Il faut quand même bien que ce soit l'un ou l'autre ! Qu'est-ce qui se passe ?

— Je voulais dire, expliqua l'infirmière, qu'elle a apparemment quitté la clinique avant la venue du bébé.

Papa raccrocha.

— Il vaut mieux mettre de l'eau à bouillir, dit-il à grand-maman, Lillie revient.

— Avec le nouveau bébé ?

— Non.

Papa était un peu déconcerté.

— Quelqu'un d'autre a réclamé l'enfant annoncé. Lillie a dû remettre d'avoir le sien pour le moment.

Maman arriva environ une demi-heure après. Elle transportait sa valise et avait fait tout le chemin à pied. Grand-maman était furieuse.

— Mon Dieu, Lillie, tu n'as rien à faire dans les rues dans ton état. Et en portant cette énorme valise ! Donne-la-moi. Et maintenant monte te coucher dans ton lit. Une fille de ton âge devrait être plus raisonnable. Pourquoi as-tu quitté la clinique ?

— J'en avais assez d'attendre et je m'ennuyais. J'ai décidé d'avoir celui-ci aussi à la maison. D'ailleurs, cette infirmière, c'était un démon ! Elle m'avait caché mon crayon et mon cahier et ne voulait même pas me laisser lire. Je n'ai jamais passé pire journée !

Lill naquit le lendemain, dans la chambre de Papa et de Maman, où les crayons, les cahiers et les épreuves étaient à portée du lit.

— J'ai déjà dit à tout le monde que ce serait un garçon, dit Papa avec une légère amertume. Mais je sais que tu ne l'as pas fait exprès. Et je pense que c'est bien d'avoir une fille. Je commençais à avoir un peu assez des garçons. C'est celle-là qui portera ton nom.

Les aînés commençaient cependant à se demander d'où venaient les bébés. La seule conclusion à laquelle nous fussions parvenus était que Maman était toujours malade et au lit quand ils arrivaient. Environ quatre mois après la naissance de Lillie, Maman, qui avait pris froid, monta se coucher de bonne heure. Nous fûmes persuadés qu'un petit frère ou une petite sœur serait là le lendemain matin.

Aussitôt levés, nous descendîmes dans la chambre de Papa et de Maman en criant :

— Où est le bébé, où est le bébé ?

— Qu'est-ce que c'est que tout ce potin ? demanda Papa. Qu'est-ce qui vous prend ? Elle est là dans son berceau.

Et il désignait la petite Lill de quatre mois.

— Mais nous voulons voir le « dernier modèle ». Viens, Papa, n'essaie pas de te moquer de nous. Et comment va-t-on l'appeler ? Où l'as-tu caché ?

Nous nous mîmes à regarder sous le lit et à ouvrir les tiroirs.

— Mais qu'est-ce que tout cela signifie ? demanda Maman. Il n'y a aucun nouveau bébé. Cessez d'ôter des tiroirs tous les vêtements de votre père. Pour l'amour du Ciel, qu'est-ce qui vous a donné l'idée qu'il y a un autre bébé ?

— Eh bien, tu es malade, n'est-ce pas ? demanda Anne.

— J'ai un rhume, oui.

— Et chaque fois que tu es malade, il y en a un nouveau.

— Mais les enfants ne viennent pas seulement parce qu'on est malade. Je croyais que vous saviez cela.

— Alors, quand arrivent-ils ? demanda Ernestine. Ils viennent toujours avant que tu ne tombes malade. Explique-nous, Papa.

Nous n'avions jamais vu Papa aussi mal à son aise.

— J'ai affaire en ville, mes enfants. Je suis pressé. Maman vous expliquera.

Il se tourna vers Maman.

— J'aurais été heureux de leur expliquer si j'avais eu le temps. Dis-leur, Lillie. Il faut qu'ils sachent. Je suis désolé d'être si pressé. Tu comprends, n'est-ce pas ?

— Je comprends très bien, dit Maman.

Papa dégringola l'escalier et sortit en hâte. Il ne prit

même pas le temps de s'arrêter dans la salle à manger pour boire une tasse de café.

— Je suis enchantée, mes enfants, que vous m'ayez posé cette question, nous dit Maman qui n'avait pas l'air enchantée du tout. Venez et asseyez-vous sur le lit. Il faut que nous causions. D'abord, en ce qui concerne la cigogne... Ce n'est pas du tout elle qui apporte les bébés, comme certains enfants le croient.

— Nous savions ça.

— Vraiment ?

Maman semblait surprise.

— Bon. C'est parfait. Et que savez-vous d'autre ?

— Qu'il faut être marié pour avoir des enfants et qu'il faut énormément d'eau chaude. Et puis le docteur fait des choses qui vous font crier.

— Mais pas très fort ? demanda Maman anxieusement. Jamais très fort ni très souvent, n'est-ce pas ?

— Non, ni très fort ni très souvent.

— Bien. Maintenant, parlons d'abord des fleurs et des abeilles, et...

Quand elle eut terminé, nous savions beaucoup de choses à propos de la botanique et un peu à propos de l'apiculture, mais rien sur la façon dont les enfants viennent au monde. Maman ne pouvait pas arriver à nous l'expliquer.

— Je ne sais pas ce qu'a Maman, dit Anne après cela. C'est la première fois qu'elle ne peut répondre à une question. Et Papa a filé comme s'il avait appris qu'il y avait un trésor caché.

Plus tard, nous posâmes des questions à Tom Grieves. Mais la seule réponse que nous pûmes obtenir fut :

— Voulez-vous vous taire et ne pas parler de cela, petits polissons, ou je le répéterai à votre Papa.

Papa pensait que Maman nous avait instruits. Et Maman pensait qu'elle s'en était tirée avec ses fleurs et ses abeilles. Mais nous, nous demandions toujours d'où venaient les bébés.

Fred naquit à Buttonwoods, Rhode-Island, où nous

passions un été. Un ouragan avait interrompu les communications et on ne pouvait pas avoir de médecin. Une voisine, qui venait pour aider, fut si effrayée qu'elle ne put s'empêcher de crier à Maman :

— J'espère que vous n'oserez pas avoir cet enfant avant que le docteur arrive !

— J'essaierai, lui répondit Maman avec calme. Inutile de s'énerver. Ne vous laissez pas aller, cela ne vous vaut rien. Asseyez-vous tranquillement à côté de mon lit et tâchez de vous détendre.

— Qui est-ce qui va accoucher, vous ou elle ? demanda Papa à la voisine. Vous êtes vraiment d'un grand secours !

Il s'en alla à la cuisine pour faire bouillir une énorme quantité d'eau dont la plupart ne servit pas.

Et Fred, le numéro huit, arriva en même temps que le docteur.

Dan et Jack naquirent à Providence, Bob et Jane à Nantucket.

Dan et Jack vinrent au monde de la façon la plus normale. Mais Bob arriva avant qu'on l'attendît. Tom Grieves dut pédaler à travers tout Nantucket pour trouver un médecin. Comme il était en pyjama, ayant sauté du lit précipitamment, l'île entière fut au courant de la naissance de Bob. Une fois encore ce fut un cas où l'enfant et le docteur se présentèrent simultanément.

A ce moment-là, tous les prénoms de garçons de la famille avaient été épuisés, ceux des oncles, des deux grands-pères et des quatre arrière-grands-pères. Les grands-oncles furent ressuscités de la Bible de famille et examinés avec soin.

— Voyons encore une fois les noms des hommes du côté Bunker, dit Papa, se référant aux frères de grand-maman Gilbreth. Samuel ? Je ne pourrai jamais supporter ce nom-là. Nathaniel ? Ça fait prétentieux. Frédéric ? Nous en avons déjà un. Humphrey ? Pouah ! Daniel ? Nous l'avons déjà. Rien de ce côté-là.

— Et parmi leurs seconds noms, suggéra Maman.

Peut-être trouverons-nous une idée dans les seconds noms des Bunker.

— Essayons. Moïse ? Ça fait berceau. William ? Déjà employé. Abraham ? Impossible. Irving ? Plutôt mourir...

— Quels étaient les noms de ton père ?

— John : nous en avons déjà un.

— Non, celui-là je le sais. Je veux dire le second.

— Tu te souviens que nous n'en voulons pas.

— Oh ! c'est vrai ! Hiram ?

Papa feuilletait impatiemment la Bible avec son pouce.

— Jacob ? Non. Saul ? Non. Noé, David, Pierre...

— Robert, dit soudain Maman. Voilà. Nous l'appellerons Robert.

— Pourquoi Robert ? Qui s'appelait Robert ?

Papa regarda Maman par-dessus ses lunettes et elle rougit.

— Personne en particulier. Mais c'est un joli nom.

Papa se mit à la taquiner.

— Je savais que tu avais eu une aimable collection de flirts durant tes années de collège, mais lequel était Robert ? Je ne crois pas me rappeler t'en avoir entendue parler. Est-ce celui dont tu as la photo avec un blazer et une mandoline ? Ou est-ce celui dont tes sœurs m'ont dit qu'il bégayait ?

— Assez, Frank. C'est ridicule !

Nous prîmes le même ton que Papa.

— Oh ! Maman, Rob-bert est un si joli nom. Pourquoi ne m'as-tu pas appelé Rob-bert ? « Puis-je vous aider à porter vos livres jusque chez vous ? » « Oh ! Rob-bert, vous dites les plus charmantes choses du monde ! Et si spirituelles ! »

Papa, qui savait que le poète favori de Maman était Robert Browning et soupçonnait d'où venait le Robert en question, n'en prit pas moins les doigts de Maman dans sa main droite, les embrassa et envoya le baiser en l'air.

— Ah ! Robbbbert, déclama-t-il, si je pouvais seulement goûter au nectar de vos lèvres !

— Quand vous aurez fini ! dit Maman froidement. Je demande que nous votions sur le nom que j'ai proposé. Et si l'on se met à ranimer de vieux sentiments, je rappelle que c'est un jeu qui se joue à deux. Je me souviens...

— Loin de nous la pensée de gâcher le moindre roman d'une étudiante, coupa rapidement Papa. Que diriez-vous de choisir Robert à l'unanimité ?

Nous votâmes à l'unanimité.

Avec Bob, numéro onze, le compte était de six garçons et de cinq filles. Il y eut une considérable partisanerie dans la famille quant au sexe du bébé suivant. Les garçons voulaient continuer d'avoir la majorité. Les filles voulaient égaliser à six partout. Papa voulait naturellement un autre garçon. Maman voulait faire plaisir à Papa, mais pensait néanmoins qu'il serait agréable que son dernier enfant fût une fille.

Le numéro douze était attendu pour juin 1922, ce qui voulait dire que nous serions à Nantucket. Maman avait juré qu'elle n'accoucherait plus dans notre maison d'été qui était vraiment trop inconfortable. Pendant un certain temps, elle hésita entre rester à Montclair et avoir le bébé chez elle ou aller à Nantucket avec nous et accoucher à l'hôpital. Finalement, mais avec quelque appréhension à cause de son expérience de Providence, elle adopta la seconde solution. Et Jane, numéro douze, naquit au Cottage Hospital de Nantucket.

Les dix jours que Maman y passa furent un vrai supplice pour Papa. Il s'agitait et boudait, affirmant qu'il ne pouvait rien faire sans Maman. Les voyages d'affaires qu'il faisait en Europe l'éloignaient souvent pendant des mois, mais alors il était dans un mouvement et un entourage différents. Chez lui, en famille, où il avait l'habitude d'avoir Maman à côté de lui, il se sentait déconcerté et saisissait toutes les occasions d'aller à l'hôpital pour la voir.

Son excuse, vis-à-vis de nous, qui nous plaignions d'être négligés, était qu'il devait faire connaissance avec sa nouvelle fille.

— Je ne serai pas absent longtemps, disait-il. Anne, c'est toi la responsable pendant que je ne suis pas là.

Il sautait dans la voiture et nous ne le revoyions pas avant des heures.

Jamais il n'avait pris autant de soin de sa personne. Ses cheveux étaient brossés à la perfection, ses souliers de toile d'un blanc de neige et il avait l'air tout à fait sport avec ses knickers, sa veste à ceinture, une fleur à la boutonnière et ses bas à côtes retournés aux genoux.

— Eh bien, Papa, tu as l'air d'aller à la noce, lui disions-nous.

Il souriait.

— Inutile de me dire que je suis un type élégant, je me vois dans la glace. Mais c'est que je tiens à donner une bonne impression de moi-même à ma nouvelle fille. Quel nom va-t-on lui donner ? Jane ?

À la clinique, il s'asseyait à côté du lit de Maman et dressait son plan de travail pour l'automne.

— Je veux que tu restes ici jusqu'à ce que tu sois tout à fait bien et forte... Prends un bon bout de repos. C'est le premier depuis que tu as commencé à avoir des enfants.

Et puis il enchaînait du même souffle :

— Je serai joliment content quand tu rentreras à la maison ! Je ne puis absolument rien faire quand tu n'es pas là.

Maman trouvait la clinique un paradis.

— Dire que j'ai attendu mon douzième enfant pour découvrir qu'il était bien préférable de les avoir hors de chez soi. Les infirmières vous soignent de la tête aux pieds. Tu ne peux savoir à quel point c'est confortable...

— Non, je ne le sais pas, disait Papa, et plaise au Ciel que je n'aie jamais à m'en apercevoir !

Ce que Maman appréciait surtout à l'hôpital, mais

elle n'en disait mot à Papa, c'était la liberté de pouvoir crier pendant l'accouchement.

Lorsque Papa ramena enfin Maman et Jane à la maison, il nous fit aligner par rang d'âge sous le porche. Jane, dans son petit berceau, était la dernière de la rangée.

— Ils n'ont pas mauvaise allure, si j'ose le dire moi-même, s'écria-t-il avec orgueil, passant la troupe en revue comme un officier qui inspecte ses hommes.

— Tu vois, Lillie, tu les as tous là et c'est une chose faite. T'est-il venu en pensée qu'à partir de l'année prochaine nous n'aurions plus besoin de berceau ? Et qu'à la même date, dans deux ans, il n'y aurait plus une couche dans la maison, ni un biberon, ni une tétine. Quand je pense à ce que nous avons pu amasser dans le genre depuis des années ! As-tu imaginé ce que cela serait de n'avoir plus de bébé dans notre chambre ? Pour la première fois depuis dix-sept ans, tu pourras te mettre au lit sans remonter le réveil pour la tétée de deux heures !

— J'ai pensé à tout cela, dit Maman. Ce sera une vraie volupté, n'est-ce pas ?

Papa la prit dans ses bras, et les yeux de Maman s'emplirent de larmes.

*

Plus tard, ce même été, quand venait une visite, Papa sifflait le rassemblement et nous présentait.

— Voici Anne, disait-il.

Et Anne avançait et serrait la main.

— Et Ernestine, et Martha...

— Mon Dieu, Mr. Gilbreth, et tous sont vos enfants !

— Attendez-moi une minute, disait Papa.

Il disparaissait dans la chambre et revenait avec Jane.

— Vous n'avez pas vu le dernier modèle !

Mais il y avait un peu moins d'entrain dans sa voix

159

qu'auparavant, parce qu'il savait que ce dernier modèle était réellement le dernier et que jamais plus il ne prononcerait la formule, qui gênait tellement Maman, par laquelle il annonçait qu'un autre bébé était en route.

XIV
Magnésium et funérailles

Après l'étude du mouvement et l'astronomie, la science la plus chère au cœur de Papa était la photographie. Il avait transformé en laboratoire la plus grande partie du second étage de la grange, à Montclair. C'était là que Mr. Coggin, le photographe anglais de Papa, opérait derrière une série de portes à triples loquets. Les enfants rendaient Mr. Coggin nerveux, particulièrement quand ils ouvraient la porte de la chambre noire pendant qu'il développait la provision de clichés de la semaine. Même devant Papa et Maman, il nous traitait de chenapans et de misérables. Derrière leur dos, il nous traitait plus franchement de bandits de grand chemin, de bêtes puantes et autres gentillesses !

Quand Mr. Coggin quitta la maison après la catastrophe des amygdales, il y eut un défilé de photographes professionnels. Papa pensait, et non sans raison, qu'aucun homme du métier n'était aussi bon photographe que lui. C'est pourquoi, quand il s'agissait de faire des portraits de la famille, il aimait opérer lui-même.

Et il aimait opérer aussi souvent que possible, qu'il plût ou qu'il y eût du soleil, le jour ou la nuit, l'été ou l'hiver, mais surtout le dimanche. Beaucoup de photographes préfèrent la lumière du soleil. Papa préférait au contraire les jours sans soleil qui lui donnaient une excuse pour faire des photos à l'intérieur. Il avait un goût particulier pour le magnésium, et plus l'éclair était violent plus il lui plaisait.

Il versait une véritable petite montagne de poudre grise de magnésium dans le réceptacle de son revolver à explosion en forme de T et l'élevait le plus haut possible dans sa main gauche, pendant qu'il disparaissait sous le voile noir, derrière l'appareil. Dans sa main droite il tenait la poire de l'obturateur et un joujou quelconque qu'il agitait pour retenir notre attention.

Peu d'hommes certainement ont jamais utilisé d'aussi puissants éclairs de magnésium. Certains plafonds de Montclair étaient maculés de ronds noirs qui témoignaient en silence ue son intrépidité en la matière. Les photographes professionnels, le voyant charger son instrument, pâlissaient, balbutiaient et sortaient précipitamment de la pièce.

— Je sais ce que je fais, leur criait Papa avec colère. Allez-vous-en si vous ne voulez rien apprendre. Mais après, vous comparerez ce que j'ai obtenu avec votre propre travail.

Les aînés avaient passé par là si souvent que, tout en redoutant un peu l'explosion, ils n'avaient plus réellement peur. Il serait exagéré de dire qu'ils avaient une totale confiance dans les talents de photographe en chambre de Papa, mais ils avaient fini par adopter une attitude fataliste devant une mort qui, en tout cas, serait rapide et sans souffrance. Malheureusement, les petits n'avaient pas toujours cette philosophie pour les soutenir. Même le dernier modèle savait que tous les feux de l'enfer allaient se déchaîner dès que Papa aurait plongé sous le voile noir. Ils se comportaient assez bien jusqu'au moment où Papa allait prendre la photo. Mais, quand on en était là, ils commençaient à hurler.

Papa criait sous le voile.

— Lillie, fais taire ces enfants. Dan, ouvre les yeux et ôte les doigts de tes oreilles. Quelle honte ! Avoir peur d'un petit éclair ! Cessez de gigoter, les autres.

Il émergeait du voile, dégoûté. Il faisait chaud là-dessous et se pencher en avant lui mettait le sang à la tête.

Il était furieux.

— Allez-vous cesser de pleurer, oui ou non ? Est-ce que vous m'entendez ? La prochaine fois que je disparais sous le voile, je veux vous voir tous sourire.

Et il disparaissait de nouveau.

— Je vous ai dit de ne pas pleurer, souriez, nom d'un chien ! ou je sors et je vous donne de vraies rai-

sons de crier. Souriez assez pour que je voie le blanc de vos dents, comme ça !

Il avait glissé un châssis dans l'appareil.

— Vous y êtes ? Souriez... Ne bougeons plus, ne bougeons plus, ne bouououougeoeoeons...

Il agitait furieusement le joujou et tout à coup une horrible, une aveuglante explosion faisait trembler les murs et une cendre fine nous recouvrait, nous et le plancher.

Papa ressortait, transpirant mais souriant.

Il s'assurait d'un regard que le plafond était toujours là, abandonnait son revolver à magnésium et allait ouvrir les fenêtres pour laisser sortir la fumée piquante qui nous faisait larmoyer.

— Je crois que ce sera une bonne photo, disait-il, et ce nouveau revolver fait certainement merveille. Ne vous en allez pas, je vais en prendre une seconde dès que la fumée sera dissipée. Je ne suis pas sûr d'avoir eu assez de lumière cette fois-ci.

Pour les photos au grand jour, Papa avait un système de déclencheur à retardement qui lui permettait d'armer l'appareil et de courir se placer lui-même

devant l'objectif avant que l'obturateur fonctionnât. Mais si les photos d'extérieur ne risquaient pas d'être « soufflées » à travers le plafond, elles n'étaient pas exemptes des risques de mauvaise humeur de Papa.

La Pierce Arrow familiale, arrêtée dans l'allée et décapotée, était souvent utilisée pour les photos prises au-dehors.

Lorsque nous étions dûment installés par les soins de Papa, il mettait au point, nous disait de sourire, armait le déclencheur à retardement et courait s'asseoir au volant. Il arrivait tout essoufflé et la voiture tanguait quand il sautait dedans. Si tout se passait idéalement, Papa avait assez de temps pour s'asseoir et prendre son plus beau sourire.

Mais tout n'allait pas toujours idéalement, car on ne pouvait pas avoir pleine confiance dans le déclencheur automatique. Quelquefois, il fonctionnait trop tôt, saisissant l'ample postérieur de Papa juste au moment où il montait sur le siège. Quelquefois, il ne fonctionnait pas avant plusieurs minutes, pendant lesquelles nous restions immobiles, tendus, un sourire crispé sur le visage, essayant d'empêcher les plus petits de s'agiter. Papa, le sourire vissé sur le coin des lèvres du côté de l'appareil, nous menaçait de l'autre des pires punitions si nous bougions un muscle ou battions des paupières.

Quand l'instinct du jeu l'emportait en lui, il prenait le risque de se retourner pour nous administrer une gifle express et de reprendre sa place à temps pour sourire avant le déclic de l'obturateur. Il ne gagnait pas toujours à ce jeu et, une fois, le cliché le révéla en train de flanquer une tape bien dirigée sur la tête de Frank.

Il arrivait aussi que des reporters de journaux ou des représentants de la compagnie Underwood et Underwood vinssent à la maison pour prendre des photos de publicité. Papa sifflait le rassemblement, prenait son chronomètre et faisait une démonstration de la rapidité avec laquelle il pouvait nous réunir. Ensuite, il montrait au visiteur comme nous tapions bien à la machine, envoyions des messages en Morse, faisions des exercices de calcul mental et parlions le français, l'allemand et l'italien. Parfois, il criait : « Feu ». Nous nous laissions tomber par terre et nous nous enroulions dans le tapis.

Tout allait parfaitement quand Papa était du même côté que nous, en face de l'appareil, car alors on lui disait, à lui aussi, comment il devait se placer, sourire et même cesser de s'agiter. Nous n'avions plus besoin de nous donner du mal pour prendre un air enchanté. À vrai dire, nous avions des figures si réjouies que nous éclations presque de rire.

— Mr. Gilbreth, voulez-vous rester tranquille, s'il vous plaît, et sortir vos mains de vos poches ? Approchez-vous un peu de Mrs. Gilbreth. Non, pas si près. Tenez, ici même.

Le photographe prenait Papa par le bras et le plaçait.

— Maintenant, essayez d'avoir l'air aimable.

— Nom d'une pipe, j'ai l'air aimable, s'écriait-il avec impatience.

Un jour, un photographe d'Underwood et Underwood dit à Papa :

— Il y a une chose que je ne peux pas arriver à comprendre ! Tout va très bien jusqu'au moment où je mets le voile sur ma tête pour la mise au point. Mais à ce moment-là, comme si c'était un signal, les quatre plus jeunes commencent à pleurer et je ne peux plus les faire taire tant que le voile n'est pas hors de vue.

— Vraiment ? Vous êtes sûr ? fut toute l'explication qu'il put obtenir de Papa.

*

Papa avait le chic pour inventer des photographies de publicité relatives à ses études du mouvement. Quand il avait travaillé pour Remington, il y avait eu les bandes d'actualités qui nous montraient appliquant son système sur Moby Dick, la machine à écrire blanche dont les touches portaient un manchon. Plus tard, quand il travailla pour une société de porte-mines automatiques, il eut l'idée de nous prendre enterrant un monceau de crayons ordinaires.

Nous étions à Nantucket. Tom Grieves fabriqua avec une caisse d'emballage un cercueil noir du meilleur aspect et pendant des semaines nous achetâmes et réunîmes des crayons de bois, jusqu'à ce que le cercueil en fût plein. Nous le transportâmes jusqu'à une dune située entre le « Soulier » et la mer où Papa et Tom creusèrent une tombe peu profonde. L'endroit, battu par les vents, avait une apparence désolée. Nos voisins de la falaise, croyant sans doute que l'un de nous était tombé et avait dû être achevé, suivaient nos mouvements à la lorgnette.

Papa installa son appareil à pied, son déclencheur à retardement et prit une série de photos de nous en train de descendre le cercueil dans la tombe et de le couvrir de sable.

— Maintenant, dit Papa quand ce fut fini, nous allons déterrer le cercueil et recommencer tout pour filmer la scène. Nous prendrons l'arrivée...

Nous creusâmes en faisant bien attention de ne pas érafler le cercueil en débarrassant les crayons de tout le sable. C'est Tom qui tourna la caméra pendant ces deuxièmes funérailles. Heureusement, c'était avant le cinéma parlant, parce que Papa ne cessait de hurler ses ordres.

— Deux tours de manivelle à la seconde. Tom. Et un et deux et trois et quatre. Ne te mets pas devant la caméra, Ernestine. Mary Pickford fait ça aussi bien d'un peu plus loin, tu sais. Maintenant tout le monde prend la pelle et jette le sable. C'est un enterrement triste. Et un et deux et...

Quand ces deuxièmes funérailles furent achevées, Papa nous dit d'exhumer de nouveau le cercueil.

— Tu ne vas pas encore recommencer ? demandâmes-nous. Tu as déjà pris les photos et le film.

— Bien entendu. Mais vous ne pensez pas que nous

allons laisser perdre tous ces excellents crayons. Tirez-les de terre et rapportez-les. Nous en avons pour des années.

À la décharge de Papa, il faut dire qu'une fois les crayons ordinaires épuisés, on ne se servit plus que de porte-mines à la maison. Il n'avait simplement pas pu supporter l'idée qu'ils fussent gâchés.

L'été suivant, Papa travaillait pour une fabrique de machines à laver. Nous procédâmes de la même façon pour la lessiveuse et l'essoreuse à Nantucket. Mais cette fois-là, Tom prit les devants.

— Une minute, Mr. Gilbreth, dit-il. Avant que vous n'enterriez mon essoreuse, je voudrais l'huiler afin de pouvoir ôter le sable quand nous l'exhumerons.

— Cela ne serait peut-être pas une mauvaise idée, admit Papa.

Mais il ajouta, sur la défensive :

— Je vous ai acheté une machine à laver pour Montclair. Je ne peux pas avoir des machines à laver éparpillées tout le long de l'Atlantique.

— Je n'ai rien dit de pareil, monsieur. J'ai simplement dit que je désirais graisser mon essoreuse. Pas autre chose. Je n'ai rien dit à propos d'une machine à laver pour Nantucket.

Il se mit à grommeler.

— Le rendement ! Tout ce dont on parle dans cette maison est de « rendement ». Le meilleur moyen d'abîmer une essoreuse est de l'enterrer dans le sable et puis de la ressortir ! Voilà une économie de mouvement pour vous.

— Qu'est-ce que c'est ? demanda Papa. Parlez haut si vous avez quelque chose à dire. Sinon, taisez-vous.

Mais Tom continua sur le même ton.

— L'économie du mouvement, cela consiste à enterrer une malheureuse essoreuse dans le sable et qu'elle grippe après de partout et que ça vous casse le dos de la faire tourner après. Ça c'est de « l'économie de mouvement » tant que vous étudiez les mouvements des

167

autres et pas les vôtres. Lincoln a affranchi les esclaves. Tous sauf un. Tous sauf un !

*

Les photos et les films nous mettaient parfois en mauvaise posture à l'école et parmi nos camarades.

— Comment se fait-il que vous veniez en classe avec des crayons ordinaires quand j'ai vu dans les actualités que votre père et vous en avez enterré un plein cercueil ?

Le plus grave était quand nos professeurs lisaient des extraits d'articles concernant les diagrammes de la salle de bains, les disques d'enseignement et les décisions de l'Assemblée de famille. Nous rougissions et nous nous tortillions sur nos bancs, souhaitant dans notre for intérieur que Papa eût un joli petit commerce de chaussures quelque part et qu'il eût seulement un ou deux enfants et qui ne fussent pas nous.

Les reporters les plus redoutables à notre point de vue étaient les femmes qui venaient interviewer Maman sur des questions d'intérêt humain ou social. Maman demandait toujours à Papa d'assister à ces interviews, parce qu'elle voulait pouvoir lui prouver, à lui et à nous, qu'elle n'avait dit aucune des choses qu'on mettait dans sa bouche, ou du moins pas la majeure partie d'entre elles.

Papa prenait un vrai plaisir à nous lire tout haut ces articles à table, avec des gestes exagérés et une mimique qui était supposée être celle de Maman.

— « Mrs. Gilbreth était assise au milieu de toute sa couvée, racontant un conte de fées », lisait Papa. « L'aînée, Anne, presque une jeune fille, désire devenir violoniste de carrière, Ernestine se destine à la peinture, Martha et Frank voudraient suivre les traces de leur père... Parlez-moi de vos grades universitaires, ai-je demandé à cette remarquable mère de douze enfants. Une rougeur de modestie envahit ses joues et elle eut une moue de mépris... »

Papa s'arrêta, le temps de donner sa version imitative de la moue de mépris, et cachant avec modestie son visage de son coude levé. Puis il reprit sa lecture :

— « Je suis beaucoup plus fière de ma douzaine de petits rouquins que je ne le suis de mes deux douzaines de grades universitaires et d'être membre de l'Académie des sciences de Tchécoslovaquie, me répondit Mrs. Gilbreth. »

Maman explosa.

— Assez, assez... Je n'ai rien dit qui ressemble à cela. Tu as assisté à cette interview, Frank. Où cette femme est-elle allée chercher ce fatras ? Si ma mère voit cet article, que va-t-elle penser de moi ? Il n'a jamais été question de grades universitaires. Et deux douzaines ! Personne n'en a jamais eu deux douzaines, si ce n'est le pauvre Mr. Wilson. Et je n'ai pas prononcé le mot de Tchécoslovaquie. Et je déteste, je hais les gens qui font des moues de mépris. Je n'en ai jamais fait de ma vie, au moins depuis que je suis assez grande pour comprendre.

Anne et Ernestine étaient au bord des larmes.

— Je ne peux pas aller à l'école demain, dit Anne. Comment affronter la classe après cette histoire de violon ?

— Et moi ! gémit Ernestine. Toi, encore, tu as un violon et tu peux en tirer du bruit. « Ernestine se destine à la peinture. » Comment as-tu pu dire une chose pareille, Maman ? Et mon professeur va lire cela tout haut ! Elle le fait toujours.

— Je ne le lui ai pas dit, ni rien d'autre de ce qu'elle écrit, affirma Maman. Où crois-tu qu'elle ait pu pêcher tout cela Frank ?

Papa sourit et continua :

— « Mr. Gilbreth, l'expert en étude du mouvement, entra à ce moment dans la pièce, sur la pointe des pieds, comme pour ne pas déranger la pensée de sa femme. Dodu, mais dynamique, Mr. Gilbreth... »

Le sourire disparut des lèvres de Papa et il froissa le journal avec dégoût.

— Quel ramassis de sottises ! De tous les mots de la langue anglaise, « dodu » est celui que je déteste le plus. Cet article n'est qu'un tissu de mensonges...

*

Un photographe d'actualités qui vint nous voir à Nantucket fit délibérément en sorte de nous rendre ridicules. Ce n'était pas difficile. S'il agissait d'accord avec ses patrons, il a dû toucher une prime.

En toute bonne foi, Papa sortit la table de la salle à manger, les chaises et son banc d'église sur la pelouse, à côté de la maison, là où le reporter lui dit que la lumière serait la meilleure. Et nous déjeunâmes là, au milieu d'une nuée de moustiques, pendant que le cameraman opérait.

La bande d'actualités, telle qu'on la passait dans les cinémas, commençait par un titre ainsi conçu : « La famille de Frank B. Gilbreth, l'homme qui épargne le temps, en train de déjeuner. » Mais le film était projeté environ dix fois plus vite qu'à la vitesse normale. Il donnait la sensation que nous nous précipitions vers nos chaises, faisions voler les assiettes comme des fous dans toutes les directions, engloutissions la nourriture et quittions la table, le tout en quarante-cinq secondes. Au fond du décor, et c'était la raison pour laquelle le reporter avait voulu que nous fussions dehors, on voyait suspendue toute la lessive de la famille avec une prédominance, naturellement, de langes et de couches.

Nous vîmes le film au Dreamland Theater de Nantucket et il fut accueilli par plus de rires que la comédie jouée par un gros acteur nommé Lloyd Hamilton. Tout le monde dans la salle se tourna vers nous et nous regarda. Nous étions humiliés et furieux. Nous n'avions même plus envie de l'ice-cream soda chez Coffin que Papa nous proposa à contrecœur d'aller prendre après le spectacle.

— J'espère qu'on ne le passera jamais au cinéma de

Montclair, ne cessions-nous de répéter. Comment pourrions-nous jamais retourner à l'école ?

— Allons, dit Papa, c'est un fameux tour qu'on nous a joué et j'aimerais flanquer une tripotée à ce reporter. Mais cela aurait pu être pire ! Savez-vous ce que j'ai craint tout le temps du film ? J'imaginais que, lorsqu'il serait fini, on le ferait repasser à l'envers, de telle sorte que nous aurions eu l'air de dégorger la nourriture dans nos assiettes. Je vous jure que, s'ils avaient fait cela, j'aurais démoli la boîte !

— Et je t'aurais aidé, dit Maman, je te le jure.

Papa haussa les épaules.

— Allons, n'y pensons plus et allons chez Coffin prendre des ice-creams. Je me sens l'âme d'un double ice-cream au chocolat ? Qu'en dites-vous ?

Devant tant de grandeur et une telle invitation, nous finîmes par nous laisser faire.

XV
Gilbreth et compagnie

Papa avait ses idées aussi bien sur l'espéranto, qu'il nous fit apprendre parce qu'il trouvait qu'il apportait une réponse à la moitié des problèmes mondiaux, que sur l'Immaculée Conception, qu'il prétendait n'être soutenue par aucune preuve biologique. Ses théories sur l'équilibre social, quoique sujettes à subir quelques légères retouches à mesure que la famille s'accroissait, demeuraient fermes sur un point : elles reposaient sur la simplicité.

Une personne pondérée et simple n'était jamais ridicule, « du moins à mon avis », disait Papa. Et un homme qui ne se sentait jamais ridicule ne perdait jamais sa dignité. Papa se sentait rarement ridicule et n'admettait jamais de perdre sa dignité.

Il prétendait que les invités se sentaient comme chez eux si on les traitait comme des membres de la famille. Et c'était un des articles de sa théorie qui pouvait prêter à révision. Car Maman lui faisait remarquer, et il finit par l'admettre, que le seul invité qui aurait pu vraiment se sentir de la famille eût été celui qui, lui-même, aurait fait partie d'une famille de douze enfants dont le chef eût été un spécialiste de l'analyse du mouvement.

Quand il n'y avait pas d'étrangers, Papa s'employait à nous faire progresser dans les belles manières pendant les repas. Lorsque l'un de nous mettait de trop gros morceaux dans sa bouche, et s'il était à sa portée, Papa lui tapait du doigt sur la tête avec un bruit sourd qui faisait sursauter Maman.

— Pas sur la tête, Frank.

Elle protestait d'un ton scandalisé.

— Pour l'amour du Ciel, pas sur la tête !

Papa n'y faisait pas attention, à moins que le coup n'eût retenti particulièrement fort.

Dans ce cas-là, il se frottait les doigts tristement et disait :

— Tu as sans doute raison. Il doit y avoir des endroits moins durs !

Si le coupable était à l'autre bout de la table, près de Maman, c'était à elle que Papa faisait signe d'administrer la punition. Maman, qui ne nous punissait jamais et même ne nous menaçait jamais de nous punir, faisait semblant de ne rien voir. Papa s'adressait alors à l'un de nous pour transmettre la correction à sa place.

— Avec mes compliments, disait-il quand le délinquant, la bouche pleine, se tournait avec fureur vers celui qui l'avait frappé. Si je ne vous ai pas dit une fois, si je ne vous ai pas dit cent fois de manger par petites bouchées, que faut-il faire pour vous l'entrer dans le crâne ?

Quiconque posait son coude sur la table était exposé à se voir saisir le poignet et cogner du bras sur le bois assez fort pour faire valser la vaisselle.

— Pas sur les coudes, Frank. C'est la partie la plus sensible du corps. Partout où tu voudras, mais pas sur les coudes.

Maman désapprouvait toute forme de châtiment corporel. Elle se rendait compte qu'elle pouvait arriver à un meilleur résultat en protestant contre la partie de l'individu choisie pour la punition que contre le principe de la punition lui-même. Et même lorsque Papa nous donnait une correction absolument méritée à l'endroit le plus normal, l'endroit où elle est considérée comme le plus efficace, Maman essayait d'intervenir.

— Pas au bas de la colonne vertébrale, disait-elle d'une voix qui aurait pu faire croire que Papa risquait de nous rendre infirmes pour le restant de notre vie. Pour l'amour du Ciel, pas au bas de la colonne vertébrale !

— Où, alors ? criait Papa furieusement, la main levée. Pas sur la tête, pas sur les oreilles, pas sur la nuque, pas sur le coude, pas sur les jambes, pas sur le derrière ! Où te fessait donc ton père ? Sur la plante des pieds, comme les bourreaux chinois !

— En tout cas, pas au bas de la colonne vertébrale, répondait Maman. Tu peux en être sûr.

Les tapes sur le crâne et les coups sur les coudes devinrent une habitude à laquelle participèrent tous les membres de la famille, excepté Maman, jusqu'à ce que Papa estimât suffisante notre façon de nous tenir à table. Le plus jeune même pouvait se faire justicier sans crainte de représailles. Durant tous les repas, nous nous guettions les uns les autres, à l'affût d'une occasion. Nous surveillions même Papa. Quelquefois, celui qui localisait un coude mal placé se glissait hors de sa chaise et tournait autour de la table pour attraper le coupable.

Papa était le premier à se méfier, mais il lui arrivait d'oublier. Taper sur n'importe quel coude était considéré comme une plume au chapeau. Mais taper sur celui de Papa était une victoire suprême. Ce n'était plus une plume, mais la coiffure entière d'un chef Peau-Rouge !

Quand il se laissait surprendre et recevait une tape, Papa en faisait toute une histoire. Il grimaçait comme s'il avait très mal, sifflait entre ses dents, se frictionnait le coude et déclarait qu'il ne pourrait se servir de son bras pendant le reste du dîner.

Parfois il posait intentionnellement un coude sur le bord de la table, feignait de ne pas voir celui d'entre nous qui se glissait hors de sa chaise et s'approchait sur la pointe des pieds. Et juste au moment que l'enfant allait lui saisir le bras, il le remettait contre sa poitrine.

— J'ai des yeux derrière la tête, déclarait-il.

Le justicier, déçu, tout en regagnant sa place, se demandait s'il était réellement possible que ce fût vrai.

Papa et Maman essayaient tous deux de nous inculquer l'idée que c'était à nous à mettre les invités à leur aise. Nous avions des convives presque à un repas sur deux, surtout des relations d'affaires de Papa depuis que les bureaux étaient à la maison. Cela ne comportait aucune formalité spéciale, si ce n'est une nappe propre et un couvert de plus.

— Quand un invité est assis près de vous, disait Papa, c'est à vous de vous occuper de lui et de veiller à ce qu'il ne manque de rien.

Un certain auteur canadien, George Isles, semblait à Lillian un hôte malheureux. Il était vieux et il racontait des histoires passionnantes, mais tristes.

— Il y avait une fois un vieil homme dont les jointures craquaient chaque fois qu'il faisait un mouvement, à qui le docteur défendait de fumer le cigare et qui n'avait pas de petits-enfants pour l'aimer, racontait Mr. Isles.

Il continuait, accumulant tous les détails qui pouvaient nous donner la sensation de la plus écrasante solitude, et concluait :

— Et savez-vous qui était ce vieil homme ?

Nous devinions bien qui ce pouvait être, mais nous secouions la tête en disant que nous ne le savions pas. Mr. Isles prenait un air encore plus triste qu'auparavant. Il levait lentement l'avant-bras et se frappait la poitrine de l'index.

— Moi, disait-il.

Lillian, qui avait six ans, était assise à côté de lui. C'était elle qui était responsable de son bien-être et elle pensa qu'elle avait de quelque manière manqué à son devoir. Elle lui jeta les bras autour du cou et embrassa la joue parcheminée du vieil homme.

— Mais vous avez des enfants qui vous aiment, dit-elle les larmes aux yeux. Vous en avez...

Chaque fois que Mr. Isles revint nous voir par la suite, il apportait une boîte de bonbons pour Maman et une boîte particulière pour Lillian. Ernestine faisait alors remarquer sur un ton nuancé d'envie que Lill était probablement la plus jeune « chercheuse d'or » du New Jersey et que peu de chercheurs d'or adultes avaient reçu autant pour moins de peine.

Papa était un hôte complaisant, peu cérémonieux, aimable et nous nous efforcions de conformer notre conduite sur la sienne.

Il n'y a plus de légumes, patronne ? demandait-il à Maman. Non ? Bien. Et de la purée de pommes de terre ? En quantité. Et de l'agneau ? En quantité aussi. Alors, monsieur, je ne puis vous offrir davantage de légumes, mais que diriez-vous...

— Allons, encore un peu de bœuf, insistait Frank auprès d'un ingénieur allemand. Après tout, vous n'en avez pris que trois fois...

— Ce n'est pas la peine d'avaler votre pamplemousse si gloutonnement, disait Fred à un professeur-femme de l'Université de Columbia qui était arrivée en retard et tâchait de rattraper tout le monde. Si nous finissons avant vous, nous vous attendrons.

— Je suis désolé, mais je crains de ne pas pouvoir vous donner de dessert si vous n'achevez pas vos haricots, disait Dan à un invité en une autre occasion. Papa ne le permet pas et je suis responsable de vous. Papa dit qu'une famille belge pourrait vivre une semaine avec ce qui se gaspille ici en une journée.

— Papa, crois-tu que ce que raconte Mr. Fremonville soit d'intérêt général ? demanda un autre jour Lill, interrompant un long discours.

Papa, Maman et la plupart des invités riaient de bon cœur de ces remarques intempestives. Papa s'excusait et expliquait ce qu'était la loi familiale et les raisons qu'il avait eues de l'établir. Après le départ des invités, Maman nous réunissait et nous disait que la règle était importante, mais qu'il était encore plus important de ne pas mettre nos hôtes dans l'embarras.

Après le repas, Papa avait quelquefois l'estomac qui gargouillait, et quand il n'y avait personne, nous l'en taquinions. Une fois, il prit un air fâché et regarda fixement l'un de nous.

— Billy, dit-il, s'il te plaît. Je ne suis pas d'humeur à écouter un récital d'orgues.

— C'était ton estomac et non le mien. Papa. Tu ne m'auras pas.

— Vous avez tous les estomacs les plus bruyants que j'aie connus, n'est-ce pas, Lillie ?

Maman leva un regard désapprobateur au-dessus de son ouvrage.

— Je pense, dit-elle, qu'il y a des Esquimaux dans la maison...

Un soir, un jeune ingénieur, Mr. Russel Allen, était invité à dîner. Jack, assis en face de lui dans sa grande chaise, avala de l'air et eut un renvoi si sonore qu'il emplit la salle à manger et atteignit, comme nous le sûmes plus tard, les oreilles de Mrs. Cunningham au fond de sa cuisine. C'était tellement incroyable venant d'un si petit garçon que la conversation en fut suspendue. Jack, plus surpris lui-même que tout le monde, prit un air indigné. Il pointa un petit doigt accusateur vers l'ingénieur.

— Mr. Allen, dit-il d'un air offensé. S'il vous plaît, je ne suis pas d'humeur à écouter un récital d'orgues !

— Jackie, dit Maman, les larmes aux yeux, comment oses-tu !

— Sors de table, gronda Papa. Dis à Mrs. Cunningham de te donner la fin de ton repas à la cuisine. Nous reparlerons de cela plus tard.

— Tu l'as dit toi-même, sanglota Jackie disparaissant vers la cuisine. Tu l'as dit quand ton estomac gargouillait...

Papa rougit. Sa belle assurance, qu'il nous disait priser si haut, s'était envolée. Il s'agitait sur sa chaise et chiffonnait sa serviette. Personne ne savait comment rompre un silence aussi pesant.

Papa toussa comme pour s'éclaircir la voix d'un air dégagé. Mais le silence persista et pesa lourdement autour de la table !

— Hélas ! dit finalement Papa.

La situation devenait désespérée.

— Trois fois hélas ! répéta-t-il en essayant de rire.

Nous étions atrocement gênés pour lui, pour Maman, pour Mr. Allen qui était aussi rouge que Papa. Mais rien ne pouvait rompre le silence.

Tout à coup, Papa jeta sa serviette sur la table et se dirigea vers la cuisine. Il en revint tenant Jack par la main. Un Jack qui pleurait encore.

— Ça va bien, Jackie, lui dit Papa. Viens et assieds-toi. Tu as raison, c'est de moi que tu as appris cela. Tu vas d'abord t'excuser auprès de Mr. Allen et puis nous lui raconterons toute l'histoire. Nous ne la répéterons plus jamais. Comme ta mère nous l'a dit, tout cela vient des Esquimaux qui sont dans la maison.

La sœur de Papa, tante Anne, était une ample personne genre victorien qui portait de vastes jupes à volants et des bottines boutonnées à haute tige. Ils se ressemblaient et s'aimaient beaucoup. Elle avait d'aimables mais énormes avantages et pas un pouce d'elle-même qui ne fût d'une lady. Elle était marron roux de chevelure et de tempérament. Elle, son mari et ses enfants déjà grands que nous adorions, habitaient non loin de nous, à Providence.

Tante Anne était une pianiste accomplie et donnait des leçons de piano chez elle, 26 , Cabot Street. Papa pensa que ce serait bien que nous apprissions tous à jouer d'un instrument. Il admettait volontiers qu'il s'y connaissait en musique à peu près autant qu'un poisson en aviation, mais il avait l'oreille juste et il aimait les symphonies.

Tante Anne avait dû s'apercevoir immédiatement que nous n'étions pas doués. Elle savait d'autre part que cela ferait de la peine à Papa de le reconnaître, parce qu'il était persuadé que ses enfants avaient tous les talents. Aussi, tante Anne lutta courageusement pendant six années pour une cause perdue, avec une bravoure et un soin qui dépassaient ce qu'on était en droit d'attendre d'un dévouement familial ordinaire.

Quand elle fut définitivement convaincue qu'il était sans espoir de nous faire apprendre le piano, elle nous dirigea vers d'autres instruments qui faisaient moins de bruit et surtout dont une seule personne pouvait jouer en même temps.

Anne fut consacrée au violon, Ernestine à la mandoline, Martha et Frank au violoncelle. C'était effrayant quand nous étudiions à la maison et Papa errait d'une pièce à l'autre avec des mèches de coton qui lui sortaient des oreilles.

— Ça ne fait rien, disait-il quand nous l'avertissions que nous ne faisions aucun progrès, ne lâchez pas pied. Vous me remercierez quand vous aurez mon âge.

Compromettant généreusement sa réputation de professeur, tante Anne nous permettait de jouer chacun notre morceau au concert annuel des élèves de son cours. Habituellement, nous restions cois au milieu du morceau, ce qui avait le plus démoralisant effet sur les enfants mieux doués et déconcertait l'auditoire des parents.

Pour sauver ce qu'elle pouvait de sa réputation, tante Anne prévenait le public, avant que nous ne paraissions sur la scène, que nous avions récemment quitté le piano pour les instruments à cordes. Le sens général de son avertissement, quoique non exprimé clairement par les mots, voulait dire que nous avions déjà maîtrisé l'étude du piano et que nous avancions délibérément sur d'autres chemins de la musique.

Juste avant que nous commencions, elle fixait une sourdine à nos instruments et nous soufflait à l'oreille :

— Souviens-toi que ton morceau doit être joué doucement, aussi doucement que le murmure d'un petit ruisseau à travers une forêt tranquille...

Mais il y avait loin d'un murmure à notre façon de jouer. Comme Papa le dit à Maman pendant un de ces concerts :

— Si j'entendais ça la nuit, venant de la palissade qui est derrière la maison, j'avertirais la police ou je jetterais un seau d'eau.

Tante Anne était bonne pour nous et nous l'aimions, elle et sa famille, mais comme Papa elle aimait bien en faire à sa tête. Quoique de mauvais gré, nous nous pliions aux volontés de Papa parce que nous reconnaissions ses privilèges de chef de famille. Mais nous n'étions nullement disposés à obéir à qui que ce fût d'autre, même pas à sa sœur aînée.

Alors que nous étions à Montclair, tante Anne vint s'installer avec nous pour plusieurs jours, pendant une tournée de conférences de Papa et de Maman. Elle établit dès le début qu'elle n'était pas là en invitée, mais bien en commandant en chef temporaire. Elle alla même jusqu'à utiliser le grand escalier pour aller du hall jusqu'au second étage, au lieu de l'escalier de derrière qui menait de la cuisine à un palier près de la salle de bains des filles. Aucun de nous n'était autorisé à prendre le grand escalier, parce que Papa voulait qu'il restât convenablement ciré.

— Papa sera furieux quand il rentrera s'il voit que tu passes par le grand escalier, dîmes-nous à tante Anne.

— Sottise ! s'écria-t-elle. L'escalier de derrière est étroit et raide et ne n'ai pas du tout l'intention de m'en servir. Aussi longtemps que je serai ici, je prendrai l'escalier qui me plaira. Ne vous tracassez pas et mêlez-vous de ce qui vous regarde.

A table, elle prit la place de Papa, ce qui nous choqua. Ordinairement, c'était Frank, comme aîné des garçons, qui la prenait, et Anne, aînée des filles, celle de Maman, quand ils n'étaient pas là. Nous n'approuvions pas non plus ses critiques sur la façon dont nous tenions nos chambres et les quelques changements qu'elle apporta à la routine de la maison.

— Qu'est-ce que vous faites ici, vous élevez des pigeons ? dit-elle quand elle entra dans la chambre de Frank et de Bill. Je reviendrai dans un quart d'heure et je veux que cette pièce soit appétissante comme un gâteau.

Et aussi :

— Je me moque de l'heure à laquelle vous devez

régulièrement vous coucher. Tant que je serai ici, nous ferons les choses à mon idée. Filez, maintenant.

Comme grand-maman et Papa, tante Anne jugeait que les Irlandais étaient peu débrouillards et que Tom Grieves était le moins débrouillard de tous les Irlandais. Elle finit par le lui dire un jour et Tom en fut blessé à mort.

L'expérience a établi que personne, habitué à une petite maison pacifique, ne peut se trouver transplanté dans une famille de douze enfants sans que quelque chose éclate à un moment donné. Nous avions vérifié le fait successivement avec les secrétaires de Papa, et avec les cuisinières qui avaient succédé à Mrs. Cunningham. Pour résider avec une famille de douze enfants, il est indispensable :

1° D'avoir été élevé soi-même dans une famille aussi nombreuse ;

2° De s'accoutumer à elle à mesure qu'elle s'accroît, comme c'était le cas pour Papa, Maman et Tom Grieves.

Ce fut un soir, pendant le dîner, que « la chose » éclata avec tante Anne.

Nous lui avions mené la vie dure exprès pendant tout le repas. Bill avait disparu sous la table et nous nous étions arrangés pour faire disparaître son couvert et sa chaise, afin qu'elle ne s'aperçût pas de sa disparition. Pendant que nous continuions de manger, Bill tapa la jambe de tante Anne du plat de la main.

— Saints du Ciel ! Qui est-ce qui me donne des coups de pied ?

Nous répondîmes que ce n'était personne.

— Il n'y a pas de chien, je suppose ?

Nous n'en avions pas et nous le lui dîmes. Notre colley était mort un peu auparavant.

— Alors c'est seulement quelqu'un qui me donne des coups de pied !

Elle insista pour que les deux enfants assis à sa gauche et à sa droite écartassent leur chaise, afin d'être certaine qu'aucun pied ne pouvait l'atteindre.

Bill tapa de nouveau.

— Quelqu'un est en train de me donner un coup de pied, dit tante Anne. J'ai l'intention d'aller au fond des choses, fût-ce un fond de culotte.

Bill lui donna un nouveau coup.

Tante Anne releva le bord de la nappe et regarda sous la table. Mais Bill avait prévu son mouvement et s'était reculé vers l'autre bout. La table était si longue qu'on ne pouvait voir le dessous tout entier sans se mettre à quatre pattes et tante Anne était bien trop digne pour s'abaisser à un tel niveau.

Quand elle rabattit le bord de la nappe, Bill se précipita en avant et lui lécha la main.

— Vous avez sûrement un chien, dit tante Anne avec reproche.

Elle s'essuya la main avec sa serviette.

— Parlez maintenant. Qui a introduit ce maudit animal dans la maison ?

Bill frappa encore et se retira. Elle souleva la nappe et regarda. Elle la baissa et il lui lécha la main. Elle regarda encore et laissa pendre sa main d'une manière tentante entre ses genoux. Bill ne put pas résister, mais cette fois tante Anne était prête. Quand il commença à la lécher, elle referma les genoux comme un piège, lui attrapa la tête dans les plis de sa jupe, se baissa et le prit par les cheveux.

— Sors de là, vaurien, cria-t-elle, je te tiens. Tu ne m'échapperas pas cette fois...

Mais elle ne donna pas à Bill la chance de sortir de lui-même. Elle tira et le fit émerger, pleurant et se débattant, en le tenant par une touffe de cheveux.

A cette époque-là, Bill ne s'en faisait pas beaucoup pour sa toilette. Il aimait les vêtements dépenaillés, attachés de préférence avec des épingles de sûreté et maintenus par de vieilles cravates en guise de ceinture. Quand il avait une cravate autour du cou, le plus rarement possible, il égalisait les bouts en coupant le plus long avec une paire de ciseaux. Ses culottes n'étaient jamais entièrement boutonnées devant, — ce que les marins appellent le « privilège du commandant ». Elles n'étaient jamais fermées en bas et lui pendaient sur les chevilles. Au cours de la journée, ses chaussettes descendaient graduellement le long de ses jambes et à l'heure du dîner elles avaient partiellement disparu à l'intérieur de ses sandales. Maman arrivait à lui faire porter une veste et une ceinture, mais, en son absence, il se relâchait.

Lorsque tante Anne le tira de dessous la table, un bout de ficelle qui maintenait ensemble une boutonnière de sa chemise avec une boutonnière de devant de sa culotte se rompit. Il essaya de rattraper la culotte, mais c'était trop tard.

Tante Anne le secouait en criant :

— Va dans ta chambre, petit gredin. Attends le retour de ton père. Il saura bien ce qu'il faudra faire de toi !

Bill ramassa sa culotte et obéit. Il avait un nouveau respect pour sa tante et tout le sommet de la tête lui cuisait d'avoir été tiré par les cheveux.

Tante Anne se rassit avec une tranquillité trompeuse et nous adressa un sourire désarmant.

— Je vous prie, mes enfants, de m'écouter sérieusement, dit-elle à voix presque basse. Il n'y a pas une âme ici qui y mette du sien. Je n'ai jamais vu une bande d'enfants plus gâtés.

A mesure qu'elle parlait, sa voix s'élevait, devenait très forte. Trop forte. Tom entrouvrit la porte de l'office et jeta un coup d'œil.

— Pour ceux d'entre vous qui aiment à croire qu'un enfant unique est un enfant égoïste, laissez-moi vous dire que vous êtes cent pour cent dans l'erreur. D'après ce que je vois, vous êtes la maisonnée la plus égoïste du monde entier !

Elle hurlait, maintenant, la bouche grande ouverte et c'était la première fois que nous la voyions dans cet état. Si sa voix n'avait pas été d'une octave plus haute, ç'aurait pu être Papa lui-même assis à sa place habituelle.

— A partir de maintenant, le premier qui bouge, je lui découpe le derrière en lanières et de telle façon qu'il ne pourra plus s'asseoir pendant un mois. Comprenez-vous ? Comprenez-vous tous ? Au cas où vous ne comprendriez pas, sachez que *j'en ai assez*.

Là-dessus, voulant nous montrer qu'elle ne voulait pas nous laisser lui gâter son dîner, elle mit une bouchée de tarte dans sa bouche. Mais elle était tellement bouleversée qu'elle s'étrangla et devint cramoisie. Elle porta sa main à sa gorge. Nous avions peur qu'elle mourût et nous étions honteux de nous-mêmes.

Tom, qui guettait à la porte, comprit son devoir. Dominant la terreur qu'elle lui inspirait, il se précipita dans la salle à manger et lui tapa dans le dos. Puis il lui attrapa les bras et les tint levés au-dessus de sa tête.

— Ça ira mieux dans une minute, tante Anne, dit-il.

Son système réussit.

Tante Anne fit d'affreux glouglou, puis retrouva du même coup sa respiration et sa dignité, arracha ses bras des mains de Tom et se dressa de toute sa hauteur.

— Gardez l'usage de vos mains pour vous-même, Grieves, dit-elle d'une voix qui semblait croire que le geste suivant de Tom eût été de dégrafer son corset. Ne me laissez pas supposer que vous commettriez encore une fois la fatale erreur de m'appeler : « Tante Anne ». Et puis, occupez-vous...

Elle regarda lentement autour de la table et soudain se décida :

— ... de vos *sacrées* affaires !

On ne pouvait plus, après un pareil langage, se demander qui était le maître et tante Anne n'eut plus de souci avec nous. Quand Papa et Maman revinrent, nous nous attendions tous à un châtiment. Mais nous avions mal jugé notre tante.

— On dirait que tu as maigri, lui dit Papa. J'espère que les enfants ne t'ont pas donné trop de mal ?

— Pas le moindre, répondit-elle. Ils se sont admirablement tenus dès que nous sommes arrivés à nous comprendre. Ça a marché joliment bien, n'est-ce pas, les enfants ?

Elle se pencha gaiement et rebroussa les cheveux de Billy, qui n'en avaient pas besoin.

— Ouille, murmura Billy à son oreille avec un sourire de délivrance. Ça me fait encore mal. Tu es gentille !

*

Nous réussîmes mieux avec une autre invitée que nous résolûmes délibérément de décourager. C'était une « psychologue » de carrière qui venait de New York à Montclair tous les quinze jours pour nous faire faire des tests d'intelligence. L'idée était venue d'elle, non de Papa ou de Maman, mais ils l'avaient bien accueillie. Elle avait le projet de publier un article sur les méthodes d'enseignement de Papa et leur effet sur nos capacités intellectuelles.

Elle était maigre et blême avec des traits anguleux et une moustache noire, pas tout à fait assez longue, cependant, pour cacher sa denture de cheval. Nous la détestions et la soupçonnions de nous rendre la pareille.

Au début, ses questions étaient légitimes : arithmétique, orthographe, langues, géographie, et cette sorte d'erreurs voulues à propos de nombres entourés et de mots soulignés sur lesquelles quelques psychologues fondent de grands espoirs.

Après avoir terminé les premières séries de tests, elle nous prit à part l'un après l'autre pour nous poser des questions personnelles. Même Papa et Maman n'avaient pas le droit d'y assister.

Ces questions étaient embarrassantes et insultantes.

— Est-ce que cela vous fait mal quand votre mère vous bat ? demanda-t-elle à chacun de nous, scrutant notre regard et nous soufflant son haleine au visage.

Vous voulez dire que votre mère ne vous bat jamais ?

Elle semblait désappointée.

— Et votre père ? Ah ! cela lui arrive ?

Elle prenait cela comme une bonne nouvelle.

— Votre mère fait-elle plus attention à un autre de ses enfants qu'à vous-même ? Combien de bains prenez-vous par semaine ? Vous êtes bien sûr ? Vous serait-il agréable d'avoir encore un autre petit frère ? Oui ? Bonté divine !

Nous étions certains que, si Papa et Maman savaient le genre de questions qu'elle nous posait, ils ne seraient pas plus satisfaits que nous ne l'étions. Anne et Ernestine étaient résolues à leur expliquer la situation, quand le destin vint nous livrer la psychologue, pieds, poings et moustaches liés.

Maman avait préparé une série de tests d'aptitude au travail et le bureau, près de son lit, était plein de publications et de magazines sur la psychologie. Un soir, Ernestine les manipulait paresseusement pendant que Maman nous lisait tout haut *Les Cinq Petits Grains de poivre et comment ils grandirent*, quand elle tomba sur un tas de tests relatifs à l'intelligence. L'un d'eux était justement celui que la femme de New York était en train de nous appliquer. Non pas les embarrassantes questions personnelles, mais les histoires de chiffres à entourer, de blancs à remplir et les réponses correctes étaient données au verso de la page.

— Je tiens le serpent, chantonna Ernestine. Ça y est !

Maman leva un regard absent au-dessus de son livre.

— Ne dérange pas mes affaires, Ernie. Qu'est-ce que tu cherches ?

— Je voudrais seulement t'emprunter quelque chose.

— Bon. Mais n'oublie pas de le remettre quand tu auras fini. Où en étais-je ? ... Ah ! voilà. Joel venait de dire que, si c'était nécessaire, il pourrait aider la famille en vendant des journaux et en cirant des souliers...

Elle reprit sa lecture.

La psychologue nous avait déjà fait passer le premier tiers du test. Anne et Ernestine nous serinèrent le second tiers jusqu'à ce que nous pussions remplir la page et répondre aux questions même sans avoir besoin de les lire. Le troisième test était un exercice oral d'association de mots et elles nous préparèrent aussi à celui-là.

— Nous serons les types les plus calés à qui elle ait jamais fait passer un test, nous assura Ernie. Et les plus originaux aussi. Il faut lui faire croire que nous sommes épatants, mais barbares par manque d'attention individuelle. Au demeurant, c'est ce qu'elle a envie de croire.

— Ayez l'air nerveux et étranges, nous recommanda Anne. Pendant qu'elle vous parle, agitez-vous et grattez-vous. Soyez aussi sales que vous pourrez. Ça, ça ne donnera pas grand-peine à la plupart d'entre vous. Il n'y a pas besoin de vous l'apprendre.

Quand la psychologue vint de New York la semaine suivante, elle nous fit asseoir à quelque distance les uns des autres, le long du mur de la salle d'étude, avec des livres sur nos genoux en guise de pupitre. Elle nous remit à chacun une copie du second tiers du test.

— Quand je dirai : « Commencez », travaillez aussi vite que vous pourrez. Vous avez une demi-heure et je voudrais que vous alliez dans le test aussi loin que possible. S'il arrive que l'un de vous ait fini avant, apportez-moi votre feuille.

Elle regarda sa montre.

— Prêts ? Retournez la page du test et commencez. Souvenez-vous que je vous observe et n'essayez pas de copier.

Nous volâmes à travers les pages, emplissant tous les blancs. Les aînés remirent leur texte au bout d'environ dix minutes. Lillian, la plus jeune, mit vingt minutes.

La psychologue regarda la feuille de Lillian et resta la bouche ouverte.

— Quel âge avez-vous, chérie ? lui demanda-t-elle.

— Six ans, répondit Lillie. J'aurai sept ans en juin.

— Il y a quelque chose qui ne va pas là-dedans, murmura la psychologue. Je n'ai pas encore eu le temps d'examiner toutes vos copies, mais savez-vous que vous avez une meilleure moyenne que Nicholas Murray Butler ?

— Je lis beaucoup, dit Lill.

La psychologue parcourut du regard les autres tests et secoua la tête.

— Je ne sais que penser, murmura-t-elle. Vous avez certainement fait de remarquables progrès depuis deux semaines. Peut-être vaut-il mieux aborder le troisième tiers du test. Je vais aller et venir dans la pièce et dire un mot à chacun de vous. Je désire que vous me répondiez immédiatement le premier mot qui vous viendra à l'esprit. Ne sera-ce pas un jeu amusant ?

Anne s'étirait. Ernestine se gratta. Martha se rongeait les ongles.

— Procédons par rang d'âge. Anne la première.

Elle pointa le doigt vers Anne.

— Couteau, dit-elle.

— Coup, blessure, sang, gorge ouverte, meurtre, éventrement, cris, hurlement, répondit Anne sans reprendre sa respiration et si vite que les mots débordaient les uns sur les autres.

— Jésus ! s'écria la psychologue, laissez-moi noter cela. Vous êtes supposée ne répondre qu'un seul mot, mais laissez-moi les noter tous.

Elle haletait d'excitation en griffonnant dans son carnet.

— Très bien. A vous, Ernestine. Un seul mot. Bleu.

— Gnon, dit Ernestine.

La femme se tourna vers Martha.

— Pied.

— Taloche, répondit Martha.

— Cheveux.

— Pou, répondit Frank.

— Fleur.

— Sentir, dit Bill.

La psychologue était de plus en plus excitée.

Elle se dirigea vers Lill.

— Ailes, dit Lill trop vite, fichant tout par terre.

— Mais je ne vous ai pas encore dit votre mot, s'exclama la psychologue. Ah ! c'est donc ça ! Attendez que je regarde ce que votre mot devait être. Je le pensais ! Oiseau. Le mot était oiseau, et on vous a dit de répondre : ailes, n'est-ce pas ?

Lill fit oui de la tête d'un air penaud.

— Et on vous a expliqué tout ce qu'il fallait répondre au reste du test. Je suppose que les réponses vous ont été données par votre mère afin de me convaincre de votre intelligence...

Nous commençâmes à rire sous cape, puis à éclater. Mais la psychologue ne trouvait pas cela drôle.

— Vous n'êtes que de sales petits tricheurs, dit-elle. Et ne croyez pas que j'aie été votre dupe. Je vous avais devinés depuis le commencement.

Elle ramassa ses papiers et s'élança vers la porte.

Papa nous avait entendus rire et sortit de son bureau pour voir ce qui se passait. S'il y avait quelque chose d'amusant, il voulait en être.

— Alors ? demanda-t-il en souriant. J'ai l'impression que le test a été joyeux. Pourquoi partez-vous si vite ? Dites-moi franchement ce que vous pensez de ma famille.

La psychologue nous regarda, une lueur mauvaise dans l'œil. Et elle se mit à hennir :

— Je suis heureuse que vous me demandiez cela. Incontestablement, ils sont intelligents. Beaucoup trop intelligents pour leur âge. Cela répond-il à votre question ? Ont-ils été aidés et encouragés dans leur tentative de fraude, je n'en sais rien. Mais mon avis de professionnelle est qu'il faut les corriger. Une bonne raclée, de la plus vieille à la plus jeune, c'est probablement ce qu'il leur faut !

Elle claqua la porte et Papa nous regarda avec chagrin.

— Très bien, soupira-t-il. Qu'avez-vous encore inventé ? Cette femme va écrire un article sur la famille... Que lui avez-vous fait ?

Anne se trémoussa. Ernestine se gratta. Martha se rongea les ongles. Papa était de mauvaise humeur.

— Tenez-vous tranquilles et parlez. Pas de sottises.

— Désirez-vous un autre petit frère ? demanda Anne.

— Est-ce que cela vous fait mal quand votre mère vous bat ? demanda Ernestine.

— Quand avez-vous pris votre dernier bain ? demanda Martha. Vous êtes bien sûre, hum !

Papa leva les mains en signe de reddition. Il paraissait vieux et fatigué, maintenant.

— Quelquefois je me demande si tout cela vaut la peine, dit-il. Pourquoi n'êtes-vous pas venus nous le dire, à votre mère et à moi, si elle vous posait des questions comme cela ? D'ailleurs... évidemment... Quelle vieille chèvre barbue !

Papa commençait à sourire.

— Si elle écrit un article là-dessus, je la poursuis en justice pour tout ce qu'elle possède, y compris son acte de naissance, si elle en a un !

Il ouvrit la porte de son bureau.

— Venez et donnez-moi tous les détails.

— Après vous, docteur Butler, dit Ernestine, faisant passer Lill devant elle.

Quelques minutes plus tard, Maman entra dans la pièce et nous trouva perchés sur le bord de son bureau et de celui de Papa. Les sténos avaient abandonné leurs machines et s'étaient rassemblées autour de nous.

— Qu'est-ce que c'est que ce tremblement de terre, Frank. Je vous entends rugir jusqu'au premier.

— Seigneur, dit Papa d'une voix sifflante. Recommencez par le commencement, enfants ! Je veux que votre mère entende cela. La vieille chèvre barbue !... Oh ! pas vous, Lillie !

XVI
Sur la colline

Le vendredi soir, Papa et Maman allaient souvent seuls à une conférence ou au cinéma. Quand ils partaient, ils se tenaient par la main jusqu'au garage pour chercher « Foolish Carriage ».

Mais le samedi soir, Maman restait avec les bébés et Papa nous emmenait au cinéma. Nous dînions tôt pour pouvoir y être vers sept heures, à temps pour la première séance.

— Nous ne verrons qu'une fois le programme ce soir. nous disait Papa. Rien à faire pour le voir une seconde fois. Rien à faire pour la séance de onze heures. Inutile d'insister.

Dès que le spectacle commençait, Papa était aussi absorbé que nous et plus bruyant. Il nous oubliait complètement et ne faisait aucune attention quand nous lui donnions un coup de coude et lui demandions des sous pour mettre dans la boîte de bonbons automatique qui était sur le dossier du fauteuil de devant. Il riait si fort pendant les films comiques que nous en étions gênés et essayions de lui faire comprendre qu'il était le point de mire de toute la salle. Quand le film était triste, il passait son temps à renifler avec un bruit de trompette et à s'essuyer les yeux.

Lorsqu'on rallumait les lumières à la fin de la première séance, nous le suppliions tous de revenir sur sa décision et de nous laisser assister à la seconde. Il commençait par résister avec entêtement mais cédait toujours à la fin.

— Il est vrai que vous avez été moins insolents que de coutume cette semaine, disait-il. Mais je déteste que vous restiez dehors si tard.

— C'est demain dimanche, nous pouvons dormir.

— Votre mère va me faire une scène si je vous laisse veiller.

— Si tu trouves cela bien, Maman le trouvera bien.

— Bon, c'est entendu. Nous ferons encore une exception cette fois-ci. Puisque vous avez tellement envie de revoir ce film, je pense que je pourrai le supporter aussi.

Un soir, après qu'un message d'Ernestine eut circulé de bouche à oreille tout le long de notre rangée, nous prîmes nos manteaux dès la fin de la première séance et commençâmes à sortir dans le couloir.

— Qu'est-ce que vous faites tous debout ?

Papa nous rappelait d'un ton choqué et assez fort pour que les gens se lèvent et regardent ce qui se passait.

— Où allez-vous ? Vous voulez rentrer à la maison ? Allons, venez et rasseyez-vous.

Nous lui expliquâmes qu'en venant il nous avait prévenus que nous n'assisterions qu'à une seule séance ce soir-là !

— Est-ce que vous ne voulez pas rester ? Après tout, vous avez été sages comme des images cette semaine. Si vous avez envie de revoir le film, je pense que je pourrai le supporter encore. Cela m'est égal, quant à moi.

Nous prétendîmes que nous avions un peu sommeil, que nous ne voulions pas être trop fatigués le lendemain ni inquiéter Maman en rentrant trop tard.

— Allons, ne gâtez pas le plaisir ! Je me charge de votre mère. Revoyons le film. La soirée est jeune et c'est demain dimanche, vous pourrez dormir tard.

Nous regagnâmes nos places avec un sourire de condescendance.

— Petits démons ! murmura Papa pendant que nous nous asseyions. Vous avez passé des heures à combi-

193

ner un plan pour m'avoir, hein ? J'ai joliment envie de vous laisser à la maison la semaine prochaine et d'aller au cinéma tout seul !

Le film qui produisit la plus forte impression sur Papa était une bande en douze parties intitulée *Jusqu'à l'hospice sur la colline,* ou quelque chose comme cela. C'était l'histoire d'une pauvre veuve qui usait ses vieux doigts jusqu'à l'os en travaillant pour ses enfants et qui finissait ses jours à l'hospice après qu'ils l'eussent abandonnée.

Durant une heure et demie, cependant que Papa ne cessait de se pomper le nez avec son mouchoir, la veuve luttait pour garder sa famille unie. Elle lavait d'immenses cuves de linge, repassait une interminable procession de vêtements. Heure après heure, sans aide et se traînant sur les genoux, elle vidait des boîtes à ordures ou frottait le sol du hall de Central Station. Ses enfants avaient honte d'elle et se plaignaient de n'avoir pas de costumes neufs. Devenus grands, ils refusaient de la laisser vivre avec eux. À la fin, quand la pauvre femme était trop vieille pour vaquer aux soins du ménage, ils la mettaient à la rue. Et il y avait une tempête de neige à ce moment-là, naturellement.

La dernière scène, celle pendant laquelle Papa dut tordre son mouchoir, montrait la malheureuse, grelottant sous ses hardes trouées, gravissant péniblement la colline jusqu'à l'hospice.

Papa avait encore les yeux rouges et le nez bouché pendant que nous prenions nos ice-creams après le cinéma et nous étions tous très frappés.

— Je veux que vous me promettiez tous une chose, nous demanda-t-il. Quoi qu'il m'arrive, jurez-moi de prendre soin de votre mère.

Nous promîmes et Papa se sentit mieux. Mais le film l'obséda pendant des mois.

— Je me vois dans vingt ans d'ici, marmonnait-il quand nous lui demandions des avances sur nos pensions ! Je me vois vieux, sans un sou, indésirable à tout

194

le monde, escaladant péniblement cette colline. Je me demande quelle nourriture on vous donne à l'hospice, et si on vous laisse dormir tard le matin ?

*

Encore plus que le cinéma, Papa aimait les spectacles que nous jouions une ou deux fois par an dans le salon pour lui et Maman.

Les sketches, écrits par Anne et Ernestine, ne variaient pas beaucoup et nous pouvions les jouer sans répétitions. Ce que Papa préférait étaient les parodies que nous faisions de lui et de Maman.

Frank, avec deux polochons sous sa ceinture et un chapeau de paille posé en arrière, tenait le rôle de Papa nous faisant visiter une usine dans laquelle il travaillait ; Ernestine, avec une fausse poitrine et un chapeau à fleurs, celui de Maman. Anne jouait le rôle du directeur de l'usine et les enfants leur propre rôle au naturel.

— Tout le monde est-il là ? demandait Frank à Ernestine.

Elle sortait son calepin et faisait l'appel.

— Êtes-vous tous prêts ? Avez-vous tous vos carnets ? Parfait. Suivez-moi.

Nous défilions deux fois autour de la pièce, à pas comptés, comme des détenus dans une cour de prison, Frank en tête, Ernestine après lui et les enfants suivant par rang d'âge. Nous faisions semblant de monter un escalier, afin de signifier que nous étions entrés dans l'usine, et Anne, le directeur, s'avançait et serrait la main de Papa.

— Mon Dieu, disait-elle. Et toute cette foule qui vous suit ! Est-ce que ce sont vos enfants, ou est-ce un pique-nique ?

Ernestine répondait avec indignation :

— Ce sont mes enfants et il n'est pas question de pique-nique.

— Comment trouvez-vous mes petits Mongols ? demandait Frank. Les Mongols reviennent moins cher à la douzaine, vous savez. Pensez-vous que je doive les garder tous ?

— Je crois que vous devriez surtout les garder chez vous, répondait Anne. Dites-leur donc de ne pas grimper sur mes machines.

— Ils ne se feront pas de mal, affirmait Frank. Ce sont tous des ingénieurs entraînés. Je les exerce moi-même.

Anne poussait un cri perçant.

— Regardez ce petit Mongol qui a enfourché la scie mécanique.

Elle se cachait les yeux.

— Je ne peux pas voir cela ! Ne le laissez pas s'accroupir... Dites-lui de ne pas se baisser.

— Le petit gredin croit que c'est une bicyclette, disait Frank. Laissez-le. Les enfants doivent se rendre compte par eux-mêmes.

Un cri d'agonie partait de la scène.

— J'ai perdu beaucoup d'enfants dans les usines, se

plaignait Ernestine. Vous, les autres, éloignez-vous de cette scie mécanique, vous m'entendez.

— Que quelqu'un note cet incident, disait Frank, afin que nous sachions combien de couverts il faudra mettre pour le dîner.

Puis, se tournant vers Fred :

— Freddy, mon garçon, retire tes doigts de ta bouche et explique au directeur ce qui ne va pas dans cette foreuse.

— Ça, une foreuse ? disait Fred en zézayant. Eh, bien !

— Justement, continuait Frank. Explique-lui cela en langage courant.

— La position du levier à main est telle qu'il y a perte de mouvement à la fois pour le transport chargé et le transport à vide, zézayait Fred. Le plan de travail de l'ouvrier est à un niveau fatigant...

Quelquefois nous feignions d'être sur l'estrade d'un meeting d'ingénieurs au cours duquel Papa devait prendre la parole. Anne jouait le rôle du président.

— Notre prochain orateur, disait-elle, est Frank Bunker Gilbreth. Attendez un instant, que personne ne bouge ! N'ayez pas peur. Il m'a promis cette fois de se limiter à deux heures et de ne pas faire allusion au « meilleur moyen de travailler deux fois plus dans la même phrase... »

Frank, toujours gonflé d'oreillers, s'avançait au bord de l'estrade, ajustait un pince-nez qui pendait au bout d'un ruban noir attaché autour de son cou, souriait avec affectation, fouillait sous sa veste et tirait un manuscrit épais de sept pouces.

— Pour la clarté du sujet, commençait-il pompeusement, j'ai divisé ma causerie de ce soir en trente titres principaux et cent dix-sept sous-titres. Je commencerai par le premier titre principal...

À cet endroit, les autres enfants, qui jouaient les rôles des ingénieurs écoutant Papa, se poussaient du coude, se levaient et s'esquivaient sur la pointe des pieds. Frank continuait à bourdonner dans une salle vide.

Quand, enfin, il s'asseyait, l'auditoire revenait et le président présentait Maman, toujours incarnée par Ernestine.

— Notre prochaine invitée est le docteur Lillian Moller Gilbreth. Elle ne vous fera pas de discours, mais sera prête à répondre à toutes les questions.

Ernestine s'élançait, portant un chapeau à large bord et une robe à fleurs. Elle transportait une serviette grande comme une valise, de laquelle émergeaient des aiguilles à tricoter, du linge à repriser, des crochets, un biberon et un numéro du « Scientific American ».

Elle souriait pendant une bonne minute, faisant de petits signes amicaux dans l'auditoire.

— Hello, Grace, j'aime votre nouveau chapeau. Comment, Jenny, vous avez fait couper vos cheveux ? Et vous, Charlotte, je suis contente que vous soyez venue...

Déguisés avec les plus beaux chapeaux de Maman, Martha, Frank, Bill et Lill se mettaient à lui poser des questions.

— Dites-nous, Mrs. Gilbreth, avez-vous réellement désiré avoir une si nombreuse famille ? Et si oui, pourquoi ?

— Y a-t-il une autre question ? demandait Ernestine.

— Qui porte vraiment la culotte à votre foyer, Mrs. Gilbreth ? Vous ou votre mari ?

— Une autre question ?

— Autre chose, Mrs. Gilbreth. Est-ce que les Boliviens reviennent vraiment moins cher à la douzaine ?

Après nos sketches, Papa faisait quelquefois à son tour un numéro dans lequel il jouait deux personnages, Mr. Jones et Mr. Bones. Nous le connaissions par cœur, mais cela nous amusait toujours autant et lui aussi.

La lèvre inférieure tombante et les mains pendant jusqu'aux genoux, il allait et venait dans le salon comme un clown, inventant des dialogues pleins de mauvais jeux de mots, dont il riait d'un rire tonitruant en se donnant des claques de joie et en roulant la tête de droite et de gauche.

Quand le spectacle était fini, Papa regardait sa montre.

— Vous devriez être couchés depuis longtemps, déclarait-il. Personne ne fait donc attention au règlement que j'ai établi. Les aînés devraient être au lit depuis une heure et les moucherons depuis trois heures.

Il prenait Maman par le bras.

— Ma gorge est sèche comme celle d'une grenouille qui a trop coassé, disait-il. La seule chose qui l'adoucira est un joli ice-cream au chocolat. Avec de la crème fouettée.

Il se caressait l'estomac.

— Allez vous coucher, les enfants. Viens, patronne. Je vais chercher la voiture et nous irons tous les deux au drugstore. Je ne pourrais pas fermer l'œil avec la gorge aussi sèche.

— Emmène-nous, Papa, hurlions-nous. Vous n'iriez pas sans nous ! Nous avons la gorge sèche comme des grenouilles, nous aussi, et nous ne pourrions pas non plus fermer l'œil.

— Regardez-moi ça ? disait Papa. Quand s'il s'agit d'ice-creams, vous êtes prêts à tout, mais s'il s'agit d'aller vous coucher, vous êtes mous comme de la mélasse. Qu'est-ce que tu en dis, patronne ?

Et comme Maman acquiesçait en souriant :

— Treize ice-creams sodas à quinze *cents* pièce, murmurait-il. Je peux voir mon destin écrit sur la muraille : *Jusqu'à l'hospice sur la colline...*

XVII
Quatre roues, pas de freins

A l'époque où Anne finissait ses études, Papa était persuadé que la nouvelle génération des jeunes filles courait tout droit, avec son rouge à lèvres et ses bas roulés, à un bruyant et illicite rendez-vous avec le diable.

Une jeunesse ardente venait de s'enflammer. C'était le temps des « flappers » et des « sheiks », des poitrines plates et des genoux creux. Les filles commençaient à se couper les cheveux et les garçons à gominer les leurs. L'étudiant était devenu un héros national, et « estudiantin » l'adjectif le plus flatteur du vocabulaire américain. Avoir un ukelele était une recommandation sociale qui ne le cédait qu'aux « traps » et au saxophone. On chantait *Me and the boy friend* et *Jadda, Jadda, Jing, Jing, Jing.* Le seul moyen de transport admis était la Ford modèle T, ennoblie d'inscriptions du meilleur goût, telles que : « Poulettes, voici votre perchoir », ou « Quatre roues, pas de freins », etc. L'âge du jazz commençait.

Si tous les gens du monde avaient l'intention de devenir insensés, c'était leur affaire, si lamentable fût-elle. Mais Papa n'avait pas dans l'idée de laisser ses filles en faire autant. Du moins, pas sans combattre.

— Qu'est-ce qu'elles ont toutes aujourd'hui ? ne cessait-il de demander. Ne savent-elles pas ce que cherchent tous ces garçons aux cheveux collés ? Ne savent-elles pas ce qui leur arrivera si elles se promènent partout en montrant leurs jambes à travers des bas de soie, les genoux nus et avec des jupes si courtes que la plus légère brise ne laisse plus rien d'elles à l'imagination ?

— C'est comme ça que tout le monde s'habille aujourd'hui, insistait Anne. Tout le monde, sauf Ernestine et moi. Nous sommes les phénomènes du collège. Les garçons n'y font plus attention quand tout le monde est habillé de la même façon.

— N'essayez pas de m'en faire accroire avec les garçons, disait Papa avec mépris. Je sais tout ce qu'ils remarquent et ce qu'ils veulent. Je vois clair à travers ces histoires de collège. Vous employez des mots nouveaux pour des choses qui existent depuis longtemps, très longtemps. Seulement les gens bien n'ont pas l'habitude d'en parler ni de les tolérer. Je ne veux pas vous dire ce qui serait arrivé de mon temps si les filles étaient venues au collège habillées comme certaines filles s'habillent à présent.

— Quoi ? demanda Anne avec impatience.

— Ça ne te regarde pas. Ce que je sais, c'est que même une roulure qui se respectait ne se serait pas...

— Frank, je n'aime pas ce mot esquimau.

Les filles s'adressaient à Maman pour qu'elle les soutînt, mais elle était d'accord avec Papa.

— Les hommes n'ont pas envie d'épouser les demoiselles qui se maquillent et qui portent des talons hauts, disait-elle. C'est le genre de filles après lesquelles ils courent avant d'être mariés. Mais quand il s'agit de choisir leur femme, ils préfèrent quelqu'un qu'ils peuvent respecter.

Anne maugréait.

— Quant à cela, ils me respectent ! Je suis la fille la plus respectée de toute ma classe ! Les garçons me respectent tellement qu'ils ne me voient même pas. Je préférerais qu'ils me respectent un peu moins et qu'ils sortent un peu plus avec moi. Comment voulez-vous espérer que je devienne populaire ?

Papa éclata.

— Populaire, populaire ! Je n'entends que cela. C'est le mot magique, n'est-ce pas ? C'est de cela que s'occupe cette génération ! Personne ne pense à être intelligent, spirituel ou charmant, ou même attirant. Non, monsieur. Les demoiselles veulent être décharnées, plates comme des punaises et « populaires » ! Elles vendraient leur âme et leur corps pour être « populaires ». Et si vous voulez mon avis, beaucoup le font.

— Nous sommes les seules filles de tout le collège à qui on ne permette pas les bas de soie, gémit Ernestine. C'est le plus grave. Si nous avions au moins des bas de soie, ce ne serait pas si grave pour les robes longues, les souliers plats et les cheveux !

Papa se mit à jurer et à frapper du poing sur la table.

— Non et non. Je vous mettrais plutôt toutes les deux au couvent ! Je le ferai, nom d'une pipe ! Des bas de soie, seulement ! Je ne veux plus un mot là-dessus ou vous irez au couvent ! Vous m'entendez ?

Le couvent était devenu l'une des menaces les plus fréquemment employées par Papa. Il était même allé jusqu'à se faire envoyer des prospectus et il en laissait traîner plusieurs sur la table à thé qu'il pouvait feuilleter et brandir quand il discutait avec les deux aînées.

— Il me semble qu'il y a un agréable couvent près d'Albany, disait-il à Maman après s'être assuré qu'Anne et Ernestine écoutaient. Le prospectus dit que le mur d'enceinte est haut de douze pieds et que les sœurs veillent à ce que toutes les élèves soient couchées à neuf heures. Je pense qu'il est mieux que le couvent de Boston où les murs n'ont que dix pieds...

Anne décida qu'elle ne pourrait jamais obtenir de Papa l'autorisation de s'habiller comme ses camarades de classe et que c'était à elle à prendre l'initiative. Elle se sentait en quelque manière responsable envers Ernestine et ses sœurs cadettes, sachant bien qu'elles ne seraient jamais émancipées si elle ne leur montrait pas le chemin. Elle était hantée par l'image d'une Jane, à quinze ans de là, portant encore des touffes sur les oreilles, des pantalons de dessous trop longs et des bas à grosses côtes !

— J'irai au couvent, dit-elle à Ernestine. Au couvent d'Albany avec des murs de douze pieds.

Et elle disparut dans la salle de bains des filles avec une paire de ciseaux. Quand elle ressortit, ses cheveux étaient courts et rejetés en arrière. Ce n'était pas un travail soigné, mais c'était court. Elle entra sur la pointe des pieds dans la chambre d'Ernestine.

— De quoi ai-je l'air ? demanda-t-elle. Ai-je fait une bonne besogne ?

— Seigneur ! s'écria Ernestine. Sors d'ici. Peut-être que ça s'attrape !

— Je sais bien ce que j'attraperai quand Papa me verra. Mais à quoi cela ressemble-t-il ?

— Je ne savais pas qu'aucune coiffure humaine pouvait avoir cet aspect-là, dit Ernestine. J'aime les cheveux courts, mais tu as l'air d'être tombée sous une tondeuse de gazon. Mon avis est qu'il faut repartir de zéro et laisser faire un coiffeur.

— Tu n'es pas d'un grand secours, dit Anne tristement. J'ai pourtant fait cela autant pour toi que pour moi.

— Eh bien ! ne fais rien d'autre pour moi qui ressemble à ça. Je n'en vaux pas la peine. C'est un trop grand sacrifice d'envisager que tu te promènes ainsi jusqu'à la fin de tes jours, qui, je l'espère, seront nombreux.

— En tout cas, tu me soutiendras quand Papa les verra. Tu veux te couper les cheveux, toi aussi, n'est-ce pas ?

— Je te soutiendrai jusqu'à la garde. Mais je ne veux pas me couper les cheveux, je veux qu'un coiffeur me les coupe. Ce qui m'inquiète, c'est qui va soutenir Papa ? Il vaudrait mieux qu'il y ait quelqu'un pour le « retenir » !

— J'ai comme une idée, dit Anne, que je vais passer une soirée plutôt désagréable ! Enfin, il fallait bien que quelqu'un commence. Et je suis l'aînée.

Toutes deux restèrent dans la chambre d'Ernestine jusqu'à l'heure du dîner et elles descendirent ensemble. Maman était en train d'emplir les assiettes. Elle répandit la moitié des petits pois sur la nappe.

— Anne, murmura-t-elle. Tes beaux cheveux ! Regarde-toi.

— Je me suis regardée, dit Anne. Ne me fais pas recommencer ! Je ne veux pas me couper l'appétit.

Maman fondit en larmes.

— Tu as déjà coupé le mien.

Papa n'avait pas prêté attention à l'entrée des deux filles.

— Qu'est-ce qui ne va pas ? demanda-t-il. Ne pourrions-nous pas avoir la paix pendant un seul repas ? Tout ce que je demande...

Il aperçut Anne et sursauta.

— Remonte et enlève ça ! cria-t-il. Et n'essaie pas de revenir ici avec cette tête-là ! Quelle idée ! Effrayer tout le monde et faire pleurer ta mère ! Tu devrais avoir honte !

— Ce qui est fait est fait, Papa. Je crains que nous ne soyons tous obligés d'en prendre notre parti.

Ernestine voulait tenir sa promesse.

— Je trouve que cela fait serpentin ! dit-elle vivement. Et tu sais, Papa, c'est tellement plus commode ! Ça me prend dix minutes tous les matins de faire mes tortillons. Et Anne peut maintenant se coiffer en quinze secondes !

— Coiffer quoi ? cria Papa. Elle n'a plus rien à coiffer.

Maman sanglotait.

— Comment as-tu pu faire ça ?

— Comment aurait-elle pu faire cela à un chien ? Sans parler d'elle, de toi et de moi. Je ne le supporterai pas, tu m'as compris ? Je veux que tes cheveux repoussent et qu'ils repoussent vite !

Anne avait essayé de tenir le coup, mais devant une telle offensive, elle éclata en sanglots.

— Personne ne me comprend dans cette famille ! dit-elle au milieu de ses larmes. Je voudrais être morte.

Elle se précipita hors de la pièce. Nous entendîmes claquer la porte de sa chambre et ses pleurs.

Papa se pencha et attrapa ses prospectus de couvent, mais sans conviction, et il les rejeta bientôt. Ni lui ni Maman ne pouvaient avaler une bouchée et, au milieu du silence réprobateur, nous parvenait le bruit des sanglots d'Anne.

— Écoute la malheureuse enfant ! dit Maman. Elle a le cœur brisé. Pense qu'elle s'imagine que personne au monde ne la comprend. Tu as été trop dur pour elle, Frank.

Papa mit sa tête dans ses mains.

— Peut-être, dit-il, peut-être. Personnellement, je n'ai pas grand-chose contre les cheveux courts. Comme Ernestine le dit, c'est plus commode. Mais quand j'ai vu à quel point cela t'avait bouleversée, j'ai perdu mon sang-froid.

— Je n'ai rien non plus contre les cheveux courts, dit Maman. Cela supprime évidemment l'ennui de les brosser et de les peigner. Mais je savais que tu n'aimais pas ça et...

Au dessert, Anne reparut, les yeux rouges et les cheveux hérissés. Elle s'assit sans mot dire, prit son couteau et sa fourchette. Quelques minutes après, elle souriait d'un air enchanté.

— C'est excellent, dit-elle en tendant son assiette. Si tu permets, Maman, je reprendrai un peu de tout. Je meurs absolument de faim ce soir.

— Je t'en prie, chérie, dit Maman.

— J'aime voir les filles manger, dit Papa.

Ce week-end-là, Maman nous conduisit chez le coiffeur de Papa, dans le building du Claridge de Montclair.

— Je voudrais que vous arrangiez les cheveux de celle-ci, dit-elle montrant Anne. Et que vous coupiez les cheveux des autres.

— Une coupe particulière ? demanda le coiffeur.

— Non, non, une coupe normale. Le plus court sera le mieux.

— Et pour vous, Mrs. Gilbreth ?

— Pour moi ?

— Vos cheveux ?

Toutes les filles protestèrent avec indignation.

— Non, Monsieur. Ne touchez pas un cheveu da sa tête. En voilà une idée !

Mais Maman eut l'air de prendre la question en considération. Elle sourit.

— Après tout, ce serait peut-être très « chic ». Et ce serait certainement plus pratique. Qu'en pensez-vous vraiment ?

— Je pense, dit Ernestine, que ce serait monstrueux. Une mère est une mère, et pas une petite folle !

Maman se tourna vers le coiffeur.

— Non, décidément, rien pour moi. Cinq têtes en cheveux courts dans la maison suffiront pour aujourd'hui.

*

Ayant cédé sur la question de la coiffure, Papa se montra intraitable pour le reste de la toilette. Mais Anne et Ernestine l'emportèrent cependant peu de temps après. Anne obtint un travail à la cantine de l'école, mit de l'argent de côté et acheta des bas de soie, deux robes courtes et quatre combinaisons transparentes. Elle défit le paquet avec quelque solennité dans le living-room.

— Je ne veux pas vous prendre en traître, dit-elle, et je veux montrer mes emplettes immédiatement à tout le monde. Si vous ne me permettez pas de les mettre à la maison, je me changerai en allant au collège. Je ne porterai pas plus longtemps des dessous longs.

— Tu ne mettras rien de tout ça, cria Papa. Reporte ton paquet au magasin. Ça me gêne de les regarder et je ne veux pas les avoir chez moi.

Il prit une petite combinaison et la mit devant lui, les bretelles à la hauteur des épaules. Elle lui tombait à peine à la taille.

— Tu prétends que c'est là tout le linge que les femmes portent maintenant ? demanda-t-il incrédule. Quand je pense à... Enfin, ça va bien. Ça ne m'étonne pas qu'il y ait tant de faits divers et de crimes passionnels dans les journaux ! Tu vas rendre illico tout cela où tu l'as acheté !

Anne protesta.

— Non. J'ai acheté ces vêtements avec mon propre argent et je les porterai. Je ne veux pas être la seule de ma classe en chemise longue. C'est dégoûtant !

— J'ai peine à croire que toutes les filles de ta classe portent cette « absence » de combinaison. Il doit bien exister quelques parents sensés hors de ta mère et de moi.

Il secoua la tête, mais sa défense faiblissait.

Anne en profita.

— Je ne comprends pas ce que tu as contre ces combinaisons. On ne les montre pas.

— Naturellement, c'est bien ce qui me gêne. C'est de ce qu'on montre que je suis en train de parler.

Ernestine s'en mêla.

— Il n'y a qu'une seule fille dans toute l'école, hors Anne et moi, qui ne porte pas ce genre de combinaison. Si tu ne nous crois pas, viens te rendre compte par toi-même.

Papa rougit.

— C'est inutile, je vous crois sur parole.

— Cela vaut mieux, dit Maman.

— En plus de la possibilité d'être arrêtées pour attentat à la pudeur chaque fois que vous croisez les jambes ou qu'il y a un peu de vent, murmura Papa, vous mourrez toutes de pneumonie !

Maman saisit la paille qu'on lui avait tendue.

— Je suis heureuse de savoir qu'il y a au moins une autre fille raisonnable en dehors de vous deux. Ce doit être une charmante fille. Est-ce que je la connais ?

— Je ne pense pas, murmura Ernestine. Celle-là ne porte pas de combinaison du tout. Et si tu ne me crois pas...

Papa rougit de nouveau.

— Ça va, dit-il. Je continue à te croire.

Il prit un des bas et l'enfila sur sa main.

— Autant aller jambe nue que porter ça. On voit complètement à travers. C'est à peine le dernier des sept voiles. Et ces flèches sur la jambe... Pourquoi indiquent-elles cette direction ?

— Ce ne sont pas des flèches, Papa, ce sont des baguettes et je ne vois pas ce que tu peux leur reprocher ?

— Je me demande pourquoi ces « baguettes », qui ont l'air d'aiguilles de montre, ne se sont pas arrêtées à trois heures moins le quart ou à cinq heures moins vingt-cinq au lieu de six heures juste !

— Sois raisonnable, Papa. Tu ne voudrais pas que nous restions à sécher sur pied ?

— Je préférerais cela à vous voir courir ! La prochaine fois vous allez me demander de vous peinturlurer.

— Tout le monde se farde, aujourd'hui, dit Ernestine. Cela ne s'appelle plus se peindre.

— Je me moque du mot qu'on emploie, gronda Papa. Il n'y aura pas de femme peinte dans cette maison. Mettez-vous cela dans la tête. Passe pour les combinaisons et les bas de six heures juste, mais pas de peinture, vous entendez.

— Oui, Papa.

— Et pas de talons hauts ni de souliers pointus. Je ne veux pas d'une avalanche de notes de médecin pour maux de pieds.

Anne et Ernestine estimèrent que la moitié d'un pain vaut mieux que pas de pain du tout, et qu'il valait mieux attendre que Papa eût digéré les bas de soie et les combinaisons en toile d'araignée avant d'entamer le combat du maquillage.

Mais Papa avait reculé jusqu'à ses dernières limites et les filles ne trouvèrent en Maman qu'un faible roseau pour s'y appuyer.

— Ni mes sœurs ni moi n'avons jamais mis de poudre, dit-elle à ses deux filles quand elles lui demandèrent d'intervenir en leur faveur. Franchement, mes enfants, je ne considère pas la poudre comme essentielle.

— Ne me dis pas que tu préfères un nez plein de taches de rousseur ?

— Au moins, cela a l'air naturel. Quant aux chaussures, je ne vois guère comment votre père pourrait se promener à travers le monde en prêchant pour la diminution de la fatigue, pendant que ses filles augmenteraient la leur avec des talons hauts !

Papa surveillait d'un œil aigu tout ce qui pouvait avoir une apparence de maquillage et devenait particulièrement soupçonneux chaque fois qu'une de ses filles paraissait en beauté.

— Qu'as-tu donc ce soir ? demandait-il en reniflant pour flairer la moindre trace de poudre ou de parfum.

Ernestine, ayant joué au-dehors toute la journée, rentra un jour pour dîner, les joues particulièrement roses.

— Viens donc un peu ici, jeune fille, lui dit Papa. Je vous ai averties toutes de ne pas vous peindre. Laisse-moi te regarder. Vous ne faites pas plus attention à moi, vous, les filles, que si j'étais un marchand de cigares indien. Il faut se coller les cheveux avec de la graisse et porter un pantalon trop large en flanelle grise pour qu'on fasse attention à vous dans cette maison !

— Je n'ai pas de maquillage, Papa.

— Tu n'en as pas ? Tu t'imagines que tu peux te payer ma tête ? Mais ne crois pas que je me paye la tienne en te disant que c'est l'itinéraire du couvent que tu te peins sur la figure !

— Celui qui a un mur de douze pieds ou celui qui en a un de dix ? demanda Ernestine.

— Ne sois pas insolente.

Il sortit son mouchoir et en tendit un coin à Ernestine.

— Crache là-dessus.

Il prit le coin mouillé, lui frotta les joues et regarda.

— C'est bien, Ernestine, dit-il après un petit temps. Tu n'as pas mis de rouge et je m'excuse. Mais il aurait pu y en avoir et je ne l'aurais pas supporté. Compris ?

Papa se vantait d'être capable de déceler un parfum dès qu'il entrait dans une pièce et de désigner le coupable au milieu d'une foule.

— Ernestine, est-ce toi que nous devons remercier de respirer cette odeur ?

— Quelle odeur, Papa ?

— Nom d'un chien ! Ne me dis pas que tu vas te parfumer, maintenant !

— Pourquoi pas, Papa ? Un peu de parfum, ce n'est ni de la peinture ni du maquillage et ça sent si bon.

— Pourquoi ? Parce que cela empeste le bon air frais. Voilà pourquoi. Monte dans ta chambre et lave-toi, si tu ne veux pas que je le fasse moi-même. Tu ne sais donc pas ce que pensent les hommes d'une femme qui se parfume ?

— Tout ce que je sais, grogna Ernestine, c'est ce qu'un homme en pense. Et il pense que je dois l'enlever.

— Penser n'est rien, dit Papa. Il en est sûr. Et il te le dit. Dépêche-toi.

Notre façon de nous habiller demeurait toujours un sujet de contestation, mais ce qui affectait le plus le caractère de Papa, c'était le jazz. La radio était encore inoffensive, n'ayant pas dépassé le poste à galène et les écouteurs. Elle ne donnait d'ailleurs que des programmes instructifs. Mais cinq ou six orchestres de danse enregistraient des quantités de disques et nous voulions les acheter tous.

Nous avions déjà une vraie provision de phonos à cause de ceux que Papa avait achetés pour nous apprendre les langues, et il ne nous était pas encore permis de les laisser de côté. Mais une fois que nous avions fait tourner le nombre exigé de disques français, allemands et italiens, nous nous précipitions sur : *Charlye my boy I'm forever blowing bubbles* ou *You've got to see Mama every night or you can't see Mama at all.* Non seulement nous les écoutions, les chantions, mais nous les mimions et nous roulions les tapis pour les danser.

Papa n'avait pas d'objection particulière contre la musique de jazz. Il trouvait qu'elle était parfois assez prenante, mais il sentait que nous lui consacrions trop de temps, que les paroles en étaient plus que suggestives et que le genre de danse qu'elle entraînait pouvait aller loin. Quand il passait d'une pièce à l'autre dans la maison, c'était d'un phonographe à l'autre qu'il allait et il levait les bras de dégoût.

— Da-da, di-da-da-da... chantonnait-il d'un air sarcastique. Si vous passiez autant de temps à exercer votre intelligence qu'à apprendre par cœur ces chansons stupides vous pourriez réciter le Koran à l'endroit et à l'envers. Allons, encore un peu plus de jazz... Da-da di-da-da-da... Encore ce disque *I love my sweetie a hundred times a night.*

— C'est toi qui l'inventes, Papa. Ce n'est pas un disque.

— Ce n'est peut-être pas un disque, mais apprenez-le de moi. Il est nettement au-dessus de la moyenne. Da-da di-da-da-da...

Lorsque Anne revint un jour de l'école en annonçant qu'elle avait pour la première fois été invitée à une soirée dansante, elle avait l'air si contente que Papa et Maman partagèrent sa joie.

— Je vous avais dit que, si j'étais habillée comme les autres, tout irait bien et que je serais vite populaire, s'écria-t-elle. Joe Scales m'a invitée à sortir avec lui vendredi prochain.

— C'est bien aimable à lui, chérie, dit Maman.

Papa souriait.

— C'est parfait. Est-ce un gentil garçon ?

— Gentil ? Je te crois. C'est un « cheerleader » et il a une voiture !

— Deux fameuses recommandations ! dit Papa. Pour peu qu'il ait une pelisse de raton, je suis sûr qu'il serait inscrit dans le livre d'or du collège comme la meilleure réussite de l'année.

L'ironie était perdue pour Anne.

— Il aura son raton l'année prochaine pour aller à Yale, se hâta-t-elle de dire à Papa. Son père le lui a promis s'il est reçu à ses examens.

— Cela me rassure, dit Papa. Autrefois un père promettait une montre en or à son fils s'il ne fumait pas jusqu'à vingt et un ans. Maintenant les garçons reçoivent tout naturellement un manteau de fourrure s'ils arrivent à passer dans la classe au-dessus.

Il secoua la tête et soupira.

— Honnêtement, je ne sais pas où va le monde ! Enfin... vendredi soir, dis-tu ?

Il consulta son agenda.

— Ça va. Je peux.

— Tu peux quoi ? demanda Anne soupçonneuse.

— Aller à la soirée. Tu n'as pas pensé une minute que j'allais te laisser sortir toute seule, la nuit, avec ce... « cheerleader ».

— Oh ! Papa, tu ne vas pas tout gâter avec cette histoire ! Qu'est-ce qu'il va penser de moi ?

— Il pensera que tu es une fille raisonnable et bien élevée par des parents raisonnables, dit Maman. Je suis sûre que, si je téléphonais maintenant à sa mère, elle serait heureuse de savoir que ton père se chargera de vous chaperonner.

— N'as-tu pas confiance dans ta chair et ton sang ?

— Bien sûr que si, dit Papa. Je sais que tu as été bien élevée. j'ai confiance en toutes mes filles. Mais c'est le « cheerleader » qui m'inquiète. Maintenant mets-toi cela dans la tête : ou j'irai ou tu n'iras pas !

— Crois-tu que cela faciliterait les choses si j'appelais la mère et lui expliquais la situation ? demanda Maman.

Anne était devenue philosophe et savait qu'on ne pouvait emporter les choses que par petits morceaux.

D'ailleurs elle s'était bien doutée qu'il y aurait une troisième personne à son premier rendez-vous.

— Non, merci, Maman, répondit-elle. Je préfère expliquer la chose moi-même et à ma façon. Je crois que je lui ferai comprendre qu'il y a des gens qui ignorent encore que deux personnes font une compagnie et que trois font une foule ! Je ne sais pas ce qu'il en dira, par exemple !

— Il sera probablement vexé à mort d'avoir quelqu'un pour payer les consommations, dit Papa.

— Dois-je lui dire que nous irons dans sa voiture ou dans la nôtre ?

— Sa voiture ? Je ne l'ai jamais vue, mais j'imagine ce qu'elle doit être. Pas de portière, pas de garde-boue, pas de toit et des inscriptions variées au cas où le feu prendrait ! J'aimerais mieux mourir que d'être vu dedans, même si la soirée était un bal masqué et si j'y allais comme « cheerleader ». Non, Monsieur. Nous irons dans « Foolish Carriage ».

— Quelquefois, dit Anne lentement, il est pénible d'être l'aînée. Je pense qu'Ernestine, Martha, Lillian et Jane n'auront pas à passer par là. Je me demande si elles trouveront cela tout naturel ou si elles comprendront ce que j'aurais souffert pour elles.

*

Le soir de la première sortie d'Anne, nous étions tous postés aux fenêtres pour voir arriver Joe Scales. Ce n'était pas tous les jours qu'un « cheerleader » venait nous voir.

Comme Papa l'avait prédit, le flirt d'Anne arriva dans une Ford modèle T, avec une devise écrite dessus. Nous pûmes l'entendre venir de loin, car elle était munie d'une sirène qui fonctionnait continuellement. Quand le véhicule avançait à une allure modérée, ce qui était peu fréquent, la sirène se contentait d'émettre une sorte de sifflement infernal. Mais quand le jeune

Mr. Scales appuyait sur l'accélérateur, le bruit devenait suraigu, assourdissant et démentiel.

Quand le modèle T surgit dans Eagle Rock Way, les fenêtres des maisons voisines se garnirent de curieux, les chiens filèrent dans les bois la queue entre les jambes et les nourrissons se mirent à pleurer.

La sirène, ajoutée au bruit naturel du moteur, rendait inutile que Mr. Scales prévînt autrement de son arrivée. Mais l'étiquette du jour était rigide et il s'y conforma à la lettre. D'abord, il coupa les gaz, ce qui rendit immédiatement la sirène silencieuse. Puis, allongé sur son siège, il corna et recorna jusqu'à ce qu'Anne parût à la porte.

— Entrez, Joe, cria-t-elle.

— Okay, Bébé. Est-ce que le paternel est prêt ?

Papa observait l'arrivant de son bureau, derrière un rideau.

— Bon Dieu, Lillie, murmura-t-il... Je veux dire : Par le fantôme de César ! Viens ici et regarde-le. C'est « Joe l'étudiant » lui-même ! Et il arrive à l'épaule d'Anne !

Le « sheikh » portait un blazer rayé orange et noir, un pantalon Oxford gris, un nœud de cravate à élastique et un chapeau triangulaire marron perché comme un beaupré sur son front.

— Vous et moi, nous allons au bal, cria-t-il à Anne. Et le vieux monsieur aussi. Compris ? Et votre vieux monsieur aussi.

— Naturellement, elle a compris, bon jeune homme, grommela Papa à l'intention de Maman. Et que je vous entende ce soir me traiter de vieux monsieur et vous comprendrez aussi, je vous le promets !

— Chut !... Il va t'entendre.

Maman regardait à travers le rideau.

— A part cela, il n'est pas mal, dans le genre modèle de poche.

— Pas mal ? Il a l'air de ce qui pourrait se produire si un pygmée épousait une enseigne de coiffeur ! Et

regarde la voiture. Qu'est-ce qui est écrit dessus ?
« Saute dedans, sardine, voilà ta boîte. »

— Ne te préoccupe pas de la voiture. Tu prendras la tienne et pas cette caricature.

— Remercions le Seigneur de nous épargner au moins cela ! Occupe-toi de lui et d'Anne jusqu'à ce que j'aie pu relever la capote. Je ne veux pas me promener dans la ville avec ce blazer à la devanture. On pourrait croire que c'est celui d'un de nos enfants !

Papa disparut dans la direction du garage et Maman alla au salon pour recevoir le visiteur. Quand elle entra, Joe était en train de montrer à Bill et à Frank le fonctionnement de sa cravate.

— C'est le nœud Guillaume Tell, disait-il, écartant l'élastique de son cou et le lâchant pour qu'il reprît sa position. Vous bandez le nœud et il vient frapper la pomme d'Adam.

Frank et Bill étaient sidérés.

— Vous êtes le premier « cheerleader » que nous voyons de près, lui dirent-ils. Alors...

Joe était assis quand il fut présenté à Maman. N'oubliant pas les bonnes manières, il souleva son chapeau, révélant pour un instant une chevelure de carton avec une raie au milieu.

— Voulez-vous mener un « cheer » pour nous ? demanda Bill. Nous les connaissons tous. Anne et Ernestine nous les ont appris.

— D'accord, dit-il.

Il mit ses mains en cornet devant sa bouche et commença à hurler d'une voix de baryton qui n'avait pas fini de muer et fit frissonner Maman.

« Lest's have a hoo, rah, ray and a tiger for Montclair. High. A hoo, rah, ray and a tiger. I want to hear you holler ney Readdy ! »

Il se tourna de notre côté, s'agenouilla sur un genou et fit tourner ses poignets en cercle, comme un écureuil dans sa cage.

— *Hoo*, criait-il de sa voix la plus aiguë, *rah, ray...*

Papa entra à ce moment-là et regarda ce qui se passait, une moue aux lèvres et les mains aux hanches. Quand le « cheer » fut fini, il s'approcha de Maman et lui dit à l'oreille :

— L'auto ne veut pas partir et je ne peux pas dire que je la blâme. Qu'est-ce qu'il faut faire ?

— Tu peux y aller dans sa voiture.

— Ai-je l'air d'une sardine qui a envie de sauter dans sa boîte ?

— Pas exactement, concéda Maman. Pourquoi ne pas appeler un taxi ?

— Regarde-le, murmura Papa. Il ne lui vient pas à l'épaule. Il n'oserait pas plaisanter avec elle, elle le mettrait knock-out.

Il s'avança vers Anne et Joe.

— Je pense, jeunes gens, que cela vous sera égal, mais je crains de ne pas pouvoir sortir avec vous.

— Cela nous est tout à fait égal, Papa, dit Anne. N'est-ce pas, Joe ?

— Un « *hoo, rah, ray and a tiger for me* », n'est-ce pas ? demanda Papa.

Joe ne chercha pas à dissimuler son soulagement.

— Et voilà, dit-il. Venez, Bébé. Finissons-en, nous allons être en retard.

— Je veux que tu sois rentrée à minuit, dit Papa. Je t'attendrai, et si tu n'es pas là à minuit juste, j'irai te chercher, tu entends ?

— Très bien, Papa.

Elle souriait.

— Cette bonne vieille « Foolish Carriage » a sauvé la situation !

— Oui, dit Papa. Et aussi...

Il regardait fixement Joe Scales.

— ... la dimension de certaine autre chose.

— Venez, Cendrillon, avant que la bonne fée ne nous change tous en souris et en citrouille.

Ils s'en allèrent et il n'oublia pas de soulever son chapeau.

— Est-ce que tu crois que c'est moi qu'il visait avec

sa citrouille ? demanda Papa à Maman... Quel petit...
Il faut que je lui torde le cou !

— Mais non, mon ami. Il parlait en général.

Nous entendîmes peu à peu décroître dans le lointain le sifflement diabolique.

XVIII
Quand les amies
de votre fille...

Une fois la glace brisée, Anne commença à sortir très souvent et Ernestine et Martha suivirent. Papa servait de chaperon chaque fois que ses affaires le lui permettaient. Bien qu'il eût décidé que Joe Scales était trop petit pour ne pas être au-dessus de tout soupçon, il n'avait aucune confiance dans les héros de football et autres « sheikhs » qui commencèrent à planter leur tente devant la maison et à faire leur cour à ces demoiselles. Quand Papa ne pouvait pas venir, il déléguait ses pouvoirs à Frank et à Bill.

— C'est déjà assez ennuyeux de t'avoir toujours cousu à nos jupes, lui déclara Ernestine. Mais un petit frère qui s'agite et ricane dans notre dos, c'est proprement intolérable ! Je me demande pourquoi les jeunes gens s'encombrent encore de nous ?

— Mais moi, je le sais, lui répondit Papa. Et c'est exactement pour cela que Frank et Bill vous accompagnent. Laisse-moi ajouter que, si ces « sheikhs » cessaient de faire attention à vous et exploraient un autre désert, cela me conviendrait parfaitement.

Frank et Bill d'ailleurs n'aimaient pas mieux leur

métier de chaperon que les filles n'aimaient les avoir sur le dos.

Frank se plaignit.

— Pour l'amour de Dieu, Papa, je me fais l'effet d'être toujours la cinquième roue du carrosse !

— Mais justement, lui répondit Papa. C'est ce que tu dois être. Je n'attends pas de toi que tu tombes à bras raccourcis sur ces costauds, s'ils essayaient de prendre des libertés avec tes sœurs. Mais au moins pourrais-tu courir chercher du secours.

Les filles allèrent se plaindre à Maman, mais comme toujours elle était du côté de Papa.

— Si tu veux mon avis, lui dit Anne, c'est un vice d'être aussi méfiant que lui. Cela dénote qu'il a eu une jeunesse débauchée.

— Personne ne te demande ton avis, répondit Maman. Tu ferais mieux de te taire et de ne pas continuer tes suppositions. Il n'est pas question de méfiance, mais ce n'est pas une raison parce que d'autres parents négligent leurs responsabilités pour que nous négligions les nôtres.

Pendant les soirées dansantes, Papa s'asseyait le long du mur, le plus loin possible de l'orchestre, tirait des papiers de la serviette qu'il avait apportée et se mettait à travailler. Au début, personne ne faisait attention à lui, imaginant peut-être qu'à force d'être ignoré, il finirait par partir. Mais au bout de quelques mois, on l'admit comme un ornement indispensable et les filles et les garçons vinrent causer avec lui et lui apporter des rafraîchissements. Personne, même les « sheikhs », ne pouvait approcher Papa sans l'aimer. Et lui-même ne pouvait pas s'empêcher, dès qu'il était dans le monde, d'être charmant.

— Tu vois ce qui se passe, dit un soir Anne à Ernestine, lui montrant Papa qu'une cour entourait. Ma parole, c'est lui qui est l'attraction du bal ! Qu'en penses-tu ?

— Je pense que c'est une pierre dans notre jardin. Mais c'est assez plaisant quand même.

— C'est-à-dire que c'est notre salut ! Il n'y a qu'à attendre et voir venir.

— C'est-à-dire ?

— C'est-à-dire que, lorsque Papa connaîtra vraiment ces jeunes gens, il comprendra que sa tâche de chaperon est une perte de temps. Ça l'assomme d'être là sans Maman. Et s'il trouve un bon prétexte pour éviter la corvée, il le prendra.

Papa résigna ses fonctions de chaperon le lendemain, au dîner du dimanche.

— J'en ai assez de faire la nurse, dit-il aux filles. Si vous voulez continuer, vous irez toutes seules. Je ne peux plus supporter cela.

— Ce ne sont réellement pas de méchants garçons, n'est-ce pas, Papa ?

Anne souriait.

— De méchants garçons ? Comment le saurais-je ? Naturellement, ils se tiennent convenablement devant moi. Mais la question n'est pas là. Ce qui est grave, c'est qu'ils me font sortir de ma personnalité. Ils me prennent pour une sorte d'ahuri inoffensif, un vieil eunuque mental, généreux et bénévole. Un âne, quoi ! Les garçons me tapent dans le dos, les filles me pincent les joues et m'invitent à danser. S'il y a quelque chose que je déteste, c'est de passer pour un polichinelle !

Il se tourna vers Maman.

— Je sais que ce n'est pas de ta faute, patronne, mais les choses eussent été plus faciles si nous n'avions eu que des garçons, comme je le proposais, au lieu de commencer par des filles !

A partir de ce jour-là, le seul contact, ou à peu près, que Papa eut avec les « sheikhs » eut lieu par téléphone.

— Je ne sais quel nigaud à la voix qui mue demande Ernestine, bougonnait-il à Maman quand c'était lui qui avait répondu. Je jure que je vais me débarrasser de cet instrument. Ces animaux-là me rendront fou. Je voudrais bien qu'ils aillent renifler les filles de quelqu'un d'autre pendant un certain temps et qu'ils nous fichent la paix.

Libby Holton, l'une des camarades de classe d'Anne, s'était récemment installée à Montclair avec sa famille, venant du Mississippi. Elle était jolie, mûre pour son âge et même la mode de la ligne plate ne pouvait abîmer sa tournure. Elle était très fardée et portait les talons les plus hauts et les jupes les plus courtes de l'Université. Elle avait exactement l'apparence que Papa ne voulait pas pour ses filles.

Libby avait du charme et elle était populaire. Anne et elle se lièrent d'amitié et Anne finit par l'inviter à déjeuner. Elle devait être placée à la droite de Papa et elle était fortement parfumée. On le sentit dès qu'elle eut mis le pied dans la maison. Sachant à quel point Papa haïssait le maquillage et le parfum, nous avions une peur horrible qu'il ne lui demandât de changer de place ou même qu'il ne lui dît de monter se laver !

Nous aurions pu nous épargner ce souci, car il devint vite manifeste que, si Papa n'aimait pas le parfum sur ses filles, il n'avait rien contre, sur la fille de quelqu'un d'autre.

— Comme vous sentez bon, dit-il à Libby dès qu'il lui eut été présenté. Je suis ravi de vous avoir à côté de moi et de pouvoir garder un œil et un nez sur vous !

— Ma parole, Anne Gilbreth, dit Libby, tu es une cachottière ! Pourquoi ne m'as-tu jamais dit que tu avais un père si galant et si bien de sa personne ?

— Oh là là ! grogna Bill.

Libby se tourna vers lui et lui lança un clin d'œil en riant.

— Ai-je passé les bornes ?

— Oh là là ! répéta Bill, mais cette fois c'était plutôt aimable.

Anne et Libby s'occupèrent outrageusement de Papa pendant tout le repas. Il s'en rendait compte, mais cela l'amusait. Il imitait l'accent méridional de la jeune fille, lui prodiguait des noms d'amitié et se surpassait quant aux anecdotes et aux plaisanteries.

— Toutes les autres filles de l'école m'ont assuré que vous étiez charmant, lui dit Libby. Elles disent de vous les choses les plus gentilles. Et il paraît aussi que vous venez à tous les bals.

— C'est vrai ! Et si j'avais été averti plus tôt de l'invasion du Mississippi, j'aurais déjà recommencé à n'en pas manquer un seul.

Le dessert fini, personne ne bougea. Nous attendions tous pour savoir ce qui allait se passer. Il était évident, même pour Papa, qu'il y avait anguille sous roche. Au moment qu'il allait repousser sa chaise et se lever, Anne toussa pour s'éclaircir la voix.

— Tu sais, Papa, il y a quelque chose que je voulais te demander depuis longtemps.

— Et maintenant, après avoir été flattée, soignée et cajolée, la poire est mûre pour être cueillie...

Papa souriait.

— Eh bien ! parlez, mesdemoiselles. De quoi s'agit-il ?

— Pourquoi ne te donnerais-tu pas congé cette après-midi et ne nous apprendrais-tu pas à conduire la voiture, à Libby et à moi ? Nous sommes presque en âge d'avoir un permis et ce serait bien utile pour toute la famille si quelqu'un d'autre que toi pouvait conduire.

— C'est tout ? Vous n'aviez pas besoin de me flatter autant pour cela ! Je pensais que tu allais me demander de passer le week-end à Coney Island, ou quelque chose comme ça.

Il regarda sa montre.

— Il va falloir que je mette un peu d'huile dans le moteur. La voiture sera devant la porte dans exactement douze minutes.

Libby et Anne se jetèrent à son cou.

— Je n'aurais jamais cru qu'il accepterait ! murmura Anne.

— Je te l'avais bien dit !

Libby était tout sourire.

— Mr. Gilbreth vous êtes un cher vieux canard.

Et elle lui planta un baiser sur la joue qui lui laissa sa double trace de rouge.

Toutes deux sortirent en courant de la salle à manger pour se préparer.

Papa fit rouler ses prunelles.

— Voilà, Lillie, dit-il à Maman. Je pense que mon printemps de coq est passé ! Quand les amies de votre fille commencent à vous becqueter les joues, vous êtes sur le déclin.

— Ce que je sais bien, lui dit Maman avec une sévérité moqueuse, c'est que tu vas te gominer les cheveux et porter un de ces fameux *alickers* jaunes ! Mais tu devrais d'abord essuyer ce rouge à lèvres avant de sortir, sheikh !

Papa sourit d'un air absent et se mit à marcher en pliant les genoux, de telle sorte que le bas de son pantalon se mit en vis comme ceux d'Oxford.

— Je vais sortir, dit-il, et inscrire sur les garde-boue de « Foolish Carriage » : « Quatre roues, pas de frein. La bagnole que vous aimez toucher ! »

*

Frank, Bill et Lillian qui étaient encore au collège s'indignaient de cette invasion de Roméos de l'Université. Leur objection principale était que les trois filles aînées étaient détournées de leur activité familiale. Anne, Ernestine et Martha avaient moins de temps pour les jeux en commun, les distractions, les amusements. C'était le prélude inévitable de l'adolescence. C'était juste quelques mesures, s'il vous plaît, professeur, de la petite chanson sentimentale intitulée : « Ces cloches de mariage rompent la vieille bande qui était la mienne. » Le mariage était encore loin à l'horizon, mais le décor en était posé.

Anne avait déjà eu sa première demande. Joe Scales lui avait demandé de l'épouser. Ils étaient assis dans un hamac sous le porche quand il lui avait posé la question. Le porche était séparé du hall par des portes-fenêtres et du bureau par des fenêtres. Frank, Bill et Lillian, couchés à plat ventre dans le hall et regardant sous la porte, furent témoins de la demande et du refus d'Anne, qui ne fut pas des plus originaux.

— J'aime penser à vous comme à un frère, lui dit-elle.

— C'est du beau, souffla Frank à Bill. Penser à cette tête à claques de la même façon qu'à nous !

— Vous m'avez attrapé, dit Scales, comme un poisson. Je suis à vous, hameçon, ligne et plombs. Qu'allez-vous faire de moi ?

Anne était touchée malgré tout par cette adoration d'esclave.

— Que vais-je faire de vous ? répéta-t-elle avec un trémolo dramatique dans la voix.

— Rejette-le à l'eau, cria Papa à travers la fenêtre de son bureau. Il est trop petit pour le garder.

*

Frank, Bill et Lill combattaient en jouant les intrus. Mais vainement.

Bien qu'involontaires, les obstacles créés par les quatre petits garçons, Fred, Dan, Jack et Bob étaient plus effectifs. Ils ne cessaient d'entrer et de sortir des pièces où les grandes filles recevaient leurs soupirants.

Anne alla se plaindre à sa mère.

— Je vis dans un véritable enfer ! C'est impossible de recevoir qui que ce soit avec cette bande de démons. Il faut en purger la maison !

— Que font-ils donc ?

— Ils ne décollent pas une minute de toute la soirée. Sur mes genoux, sur les genoux de mes amis, sous le hamac, sur le hamac, ils sortent, ils rentrent, ils montent, ils descendent, à gauche, à droite, jusqu'à ce que je sois à moitié folle !

— Bon. Qu'est-ce que tu proposes, ma chérie ?

— Attache-les.

Un certain soir, Anne en eut presque une crise de nerfs.

— Cette brigade à boutons me sort par les yeux, san-glota-t-elle. J'en hurlerais ! Comment voulez-vous qu'un garçon devienne romantique quand il faut les boutonner ou les déboutonner toute la soirée ?

— Il n'est pas nécessaire qu'il devienne romantique, dit Papa. C'est justement ce que nous voulons éviter.

Mais Anne ne faisait pas attention à ce qu'il disait.

— C'est : « Andy, déboutonne-moi, il faut que je me déshabille. » C'est : « Andy, boutonne-moi, j'ai froid », ou bien : « Andy, il est trois heures à la fabrique de boutons. » Faites quelque chose contre ça, si vous ne voulez pas que nous restions vieilles filles !

— Tu as raison, admit Maman. Je ferai mon possible pour les garder en haut la prochaine fois que tu auras du monde. Je me demande seulement ce que coûtent quatre paires de fers pour les leur attacher aux pieds.

XIX
La personne
qui vous appelait...

Aucun de nous ne le savait, mais Papa avait depuis longtemps le cœur fatigué. Et maintenant, voici que le docteur Burton lui disait qu'il allait mourir.

Nous avions remarqué qu'il avait maigri. Pour la première fois depuis vingt-cinq ans, il pesait moins de deux cents livres. Il plaisantait sur ce qu'il y avait de curieux à revoir ses pieds. Ses mains avaient commencé à trembler un peu et son visage devenait gris. Parfois, quand il jouait au base-ball avec les grands, ou qu'il se roulait par terre avec Bob et Jane, il s'arrêtait tout à coup, disant qu'il croyait qu'il en avait assez pour ce jour-là. Et il chancelait légèrement en s'en allant.

Il avait cinquante-cinq ans et nous supposions que ces symptômes étaient ceux de l'âge. Jamais il ne nous vint à l'idée qu'il pourrait mourir avant qu'il eût décidé de le faire.

Il avait appris que son cœur était malade avant la naissance de Bob et de Jane. Il avait envisagé avec Maman la possibilité qu'elle devînt veuve avec toute la famille à sa charge.

— Je ne suis pas sûr que ces médecins sachent de quoi ils parlent, avait dit Papa.

Et Maman savait bien la réponse qu'il attendait.

— Je ne vois pas pourquoi douze enfants me donneraient plus de mal que dix, avait-elle dit, et personnellement, j'aime bien finir ce que j'ai commencé. Je ne sais pas ce que tu en penses ?

Sa maladie de cœur avait été une des raisons pour lesquelles Papa avait institué un programme méthodique de vie pour nous tous. C'était à cause d'elle qu'il avait organisé notre existence sur une base d'efficacité, afin que tout pût marcher sans surveillance et que les aînés aient la responsaiblité des plus jeunes. Il savait qu'un jour ou l'autre le fardeau en pèserait sur les épaules de Maman et il voulait l'alléger le plus qu'il pourrait.

Et voici que le docteur Burton lui disait :

— Peut-être demain, peut-être dans six mois. Un an au plus si vous cessez tout travail et restez allongé.

— Ne croyez pas que vous me faites peur, répondit Papa. Voilà trois ans que les médecins me disent de ne plus m'abonner à un nouveau magazine. Je n'en crois pas un mot. D'abord parce que suis dans ma prime jeunesse et ensuite parce que je suis trop occupé.

Le docteur Burton sourit.

— Toujours le vieux pionnier !

— Ne croyez pas me faire peur, répéta Papa. C'est

moi qui vous enterrerai. Je vous verrai à l'église, même si vous ne me voyez pas.

Il rentra chez lui et écrivit une lettre à son amie Miss Myrtel Canavan, la spécialiste du cerveau, à Boston.

« Chère croque-mort de Myrt,

« Si et quand je mourrai, je désire que mon cerveau aille à Harvard où l'on fait ces expériences dont vous m'avez parlé. J'aimerais que vous vous occupassiez des détails. La pointure de mon chapeau est sept et trois huitièmes, au cas où vous voudriez préparer un récipient. Ne croyez pas que cette lettre signifie que je sois prêt à m'en aller bientôt. Je n'en ai pas envie. Je laisse une copie de ceci où Lillie la trouvera en temps voulu, et elle se mettra en rapport avec vous. La prochaine fois que je vous verrai, je vous prie de ne pas jeter à mon crâne un regard d'expert ! »

La lettre postée, Papa écarta de son esprit l'idée de la mort. Une conférence des grandes puissances et un Congrès international de l'organisation devaient se réunir à huit mois de là en Angleterre et en Tchécoslovaquie ; il accepta d'y prendre la parole. L'extension industrielle de l'après-guerre avait été de plus en plus placée sous le signe de l'étude du mouvement. Pour la première fois, Papa et Maman avaient plus de clients qu'ils n'en pouvaient satisfaire. Papa allait d'usine en usine, instaurant son système d'économie du temps, réduisant la fatigue de l'ouvrier, augmentant la production.

Il mourut le 14 juin 1924, trois jours avant de s'embarquer pour l'Europe faire les deux conférences promises.

Il était allé à pied de la maison à la station de Lakawanna, à un mille environ, où il voulait prendre la correspondance pour New York. Il avait quelques minutes avant le départ du train, et il téléphona à Maman d'une cabine publique de la gare.

— Dis donc, patronne, j'ai eu en route une idée pour réduire les mouvements de l'empaquetage des savons en paillettes pour les frères Lever. Qu'est-ce que tu penses...

Maman entendit un bruit sourd, et la ligne devint silencieuse. Elle agita l'appareil.

— Je regrette, dit la voix du téléphoniste. La personne qui vous appelait a raccroché.

Jane, la plus jeune, avait deux ans. Anne, l'aînée, passait ses examens à Smith, où elle était « sophomore ».

C'était un samedi matin. Les petits jouaient dans la cour. La plupart des aînés, membres du Comité d'achats, étaient en ville pour faire le marché. Six ou sept voisins partirent en auto à la recherche des manquants. Mais ils ne nous dirent pas ce qui était arrivé.

— Votre Maman vous réclame à la maison, nous

disaient-ils. Il y a eu un accident. Sautez dans la voiture, je vous conduirai.

Quand nous arrivâmes, nous comprîmes que cet accident était la mort. Quinze ou vingt voitures étaient parquées dans l'allée et sur la pelouse. Maman ? Ce ne pouvait pas être Maman, puisqu'on nous avait dit que c'était celle qui nous demandait. Papa ? Il n'arrivait pas d'accident à Papa. Quelqu'un était tombé de bicyclette et s'était fait écraser ? Peut-être. Toutes les filles étaient de merveilleuses cyclistes. Bill aussi, mais il prenait trop de risques.

Nous sautâmes hors de la voiture et courûmes vers la maison. Jackie était assis sur une terrasse près de l'allée. Son visage était barbouillé là où il l'avait frotté avec ses mains.

— Notre Papa est mort, sanglotait-il.

Papa était une partie de nous tous, et une partie de chacun de nous mourait avec lui.

On l'habilla de son uniforme de soldat et nous entrâmes pour le voir dans son cercueil. Avec ses yeux fermés et son visage détendu, il paraissait sévère et presque menaçant. Il n'y avait aucune paix en lui et aucune trace des petites rides de son sourire aux coins des paupières. Nous pensâmes qu'il avait dû livrer un rude combat à ceux qui étaient venus le chercher. Ils avaient certainement eu du fil à retordre avec Papa.

Maman trouva le double de la lettre qu'il avait écrite à son amie, et son cerveau fut envoyé à Harvard. Après l'incinération, Maman fréta un bateau et partit sur l'Atlantique. Quelque part sur la mer, seule à l'avant, elle éparpilla ses cendres. C'est ce qu'il avait désiré.

*

Il y eut un changement dans l'attitude de Maman après la mort de Papa. Un changement d'apparence et un changement de manières. Avant son mariage, toutes les décisions étaient prises par ses parents. Après son mariage, elles étaient prises par Papa. C'est lui qui avait eu l'idée des douze enfants et que tous deux deviennent experts au rendement. S'il s'était intéressé au tressage des corbeilles ou à la phrénologie, elle l'eût suivi du même cœur.

Tant que Papa vécut, Maman eut peur de la vitesse, des aéroplanes et de sortir seule la nuit. Quand il y avait des éclairs, elle se cachait dans un cabinet noir et se bouchait les oreilles. Quand quelque chose n'allait pas bien pendant le dîner, elle fondait en larmes et devait quitter la table. Elle parlait en public, mais elle en tremblait.

Et voici que, maintenant, elle n'avait plus peur de rien, parce qu'elle ne craignait plus rien. Rien ne pouvait plus l'inquiéter parce que ce qu'elle avait le plus redouté était arrivé. Personne de nous ne la vit plus jamais pleurer.

Deux jours après la mort de Papa et quand l'odeur des fleurs emplissait encore la maison, elle réunit le Conseil familial. Il lui semblait naturel à présent de s'asseoir à la place du Président qui avait été celle de Papa, une carafe d'eau glacée à côté d'elle.

Maman nous dit que nous n'avions plus beaucoup d'argent, la plupart des capitaux ayant été investis dans leur affaire. Elle avait parlé au téléphone avec sa mère et sa mère nous réclamait tous auprès d'elle en Californie.

Anne l'interrompit pour lui dire qu'elle avait l'intention de quitter l'Université et de chercher du travail. Ernestine, qui avait obtenu ses grades à l'École supérieure la veille de la mort de Papa, dit qu'elle non plus ne se souciait plus d'études.

— Je vous prie d'attendre que j'aie fini, reprit Maman, une note d'autorité nouvelle dans la voix. Il y a une autre solution, mais elle dépend de votre possibilité de prendre soin de vous par vous-mêmes. Et cette solution réclame quelques sacrifices de nous tous. Aussi je désire que la décision vienne de vous. Je puis continuer le travail de votre père. Nous pouvons garder ici le bureau ouvert. Nous pouvons conserver la maison, mais il faudra nous passer de cuisinière.

— Et de Tom aussi ? demandâmes-nous. Nous ne pourrions laisser Tom s'en aller, n'est-ce pas ? Il ne saurait pas où aller.

— Non pas de Tom. Mais il faudra vendre la voiture et vivre très simplement. Comme cela, nous pourrions rester tous ensemble et Anne pourrait retourner à l'Université. Vous savez que c'était le désir de votre père que vous y alliez tous. Voulez-vous essayer ? Pouvez-vous vous occuper de la maison et prendre soin de tout jusqu'à ce que je revienne ?

— Que tu reviennes d'où, Maman ?

— Si vous voulez essayer de tenir ici, dit-elle et cette fois elle frappa sur la table, je prendrai demain le bateau que votre Papa devait prendre. Il avait les billets. Je donnerai les conférences à sa place à Londres et à Prague, nom d'une pipe ! Je pense que c'est ce qu'il eût désiré. Mais c'est vous qui déciderez.

Ernestine et Martha montèrent pour aider Maman à faire ses bagages. Anne disparut dans la cuisine pour préparer le dîner. Frank et Bill allèrent en ville pour voir des revendeurs d'autos.

— Il vaut mieux leur dire d'amener un car de dépannage, leur cria Lill. « Foolish Carriage » n'a jamais voulu partir que pour Papa.

*

Quelqu'un avait un jour demandé à Papa :

— Mais pourquoi voulez-vous économiser le temps ? Qu'est-ce que vous voulez en faire ?

— Pour travailler, si c'est ce que vous aimez, avait répondu Papa. Pour la science, pour la beauté, pour l'art, pour le plaisir.

Il regardait par-dessus son lorgnon.

— Ou pour jouer aux billes, si le cœur vous en dit !

table

folio junior

La première collection de poche illustrée pour la jeunesse
Plus de 500 titres disponibles

VOUS SENTEZ-VOUS L'AME D'UN AÎNÉ OU D'UN BENJAMIN ?

L'histoire de cette famille nombreuse vous indique que toute situation a ses avantages et ses inconvénients : les prérogatives de l'aîné ne sont pas négligeables mais les privilèges du petit dernier sont aussi tentants ! Répondez à ces questions et reportez-vous à la page des solutions pour savoir quelle situation vous conviendrait le mieux.

1. *Vous êtes plutôt :*
A. Timide □
B. Autoritaire △
C. Indépendant ○

2. *Votre jouet favori est cassé, vous pensez :*
A. Je vais le réparer ○
B. Papa le réparera □
C. Qui me l'a cassé ? △

3. *Dans un groupe, vous êtes :*
A. Toujours à la traîne □
B. Toujours le chef △
C. Jamais content ○

4. *Votre meilleur moment c'est lorsque :*
A. Vous sortez avec vos parents △
B. Vous restez seul à la maison ○
C. Vous êtes malade □

5. *Si l'on vous fait une farce :*
A. Vous en préparez une pour la rendre △
B. Vous êtes vexé ○
C. Vous allez vous plaindre à un adulte □

6. *Vous n'avez pas fait votre rédaction :*
A. Vous la bâclez à la récréation ○
B. Vous la copiez sur celle du voisin △
C. Vous déclarez qu'on vous l'a volée □

7. *Vous avez un paquet de bonbons :*
A. Vous le cachez ○
B. Vous partagez avec vos camarades △
C. Vous mangez tout au plus vite □

8. *Vous préférez :*
A. Fréquenter un club de loisirs ○
B. Être invité chez des camarades △
C. Inviter des camarades □

9. *Vous vous êtes blessé au genou et vous saignez :*
A. Vous pleurez en silence □
B. Vous vous essuyez le genou avec un mouchoir △
C. Vous demandez du mercurochrome ○

10. *En pleine nuit, on gratte bizarrement à la porte :*
A. Vous vous précipitez dans la chambre de vos parents □
B. Vous allez chercher un bâton △
C. Vous écoutez, le cœur battant ○

11. *On vous offre un cadeau qui ne vous plaît pas :*
A. Vous remerciez en vous extasiant ○
B. Vous projetez de le donner à quelqu'un △
C. Vous trépignez de rage □

12. *Vous avez horreur qu'on vous dise :*
A. Comme tu as grandi ! □
B. C'est le portrait de sa mère △
C. J'espère que tu es bien sage ○

13. *Sur un bateau, vous seriez de préférence :*
A. Le mousse □
B. Le capitaine △
C. Le traître ○

14. *Un bébé, c'est :*
A. Très mignon △
B. Trop encombrant □
C. Entièrement dépourvu d'intérêt ○

Solutions page 261

1
AU FIL DU TEXTE

PREMIÈRE PARTIE (p. 7-102)

Dix questions pour commencer

Après avoir lu les neuf premiers chapitres de ce livre, répondez à ces dix questions et reportez-vous à la page des solutions pour savoir quoi penser de votre lecture.

1. *Mr. Gilbreth se caractérise par :*
A. Une grosse tête et des bajoues
B. Une petite tête et des joues creuses
C. Une grosse tête et un menton en galoche

2. *Tous les enfants sont :*
A. Blonds
B. Roux
C. Blonds et roux

3. *L'aînée des enfants est :*
A. Jane
B. Anne
C. Dan

4. *Les enfants portent :*
A. Des tabliers
B. Des cache-poussière
C. Des salopettes

5. *La mère a fait des études :*
A. De psychologie
B. De philosophie
C. De sociologie

6. *A huit ans, Lill, pour gagner de l'argent :*
A. Tond le gazon
B. Coupe des bûches
C. Repeint la palissade

7. *Le père considère que les repas sont :*
A. Une corvée
B. Une perte de temps
C. Le meilleur moment de la journée

8. *La mère est sollicitée pour diriger une association :*
A. D'orphelins
B. De vieillards
C. De contrôle des naissances

9. *Elle soutient que les enfants aiment :*
A. « Alice au pays des merveilles »
B. Les romans policiers
C. Les fables de La Fontaine

10. *Tous les enfants sont contaminés par :*
A. La coqueluche
B. La rougeole
C. La varicelle

Solutions page 261

Incidents de la circulation

« Nous avions vu Papa cabosser les garde-boue, assassiner des poulets, régler leur compte aux agents de la circulation et mettre bas des arbres d'âge respectable. » (p. 19)

Racontez l'une de ces quatre scènes, en vous demandant pour chacune d'elles :

- Mr. Gilbreth ira-t-il jusqu'à dire des gros mots ?
- Comment se justifie-t-il, devant sa famille ? devant les autorités ?
- Comment se manifeste la terreur des enfants ?
- Quels commentaires font les passants ?

Douze façons de gagner du temps et de l'argent

Chez les Gilbreth, il y a mille et une façons d'économiser le temps... et l'argent ! Serez-vous capable de les retrouver de mémoire ?

Exemple :

1. Mr. Gilbreth se rase avec deux blaireaux à la fois (p. 9)

2. Mr. Gilbreth se boutonne... (p. 9)

3. A l'heure de la toilette... (p. 51-52)

4. A l'heure du dîner on parle de... (p. 59)

5. A l'heure du dîner on fait du... (p. 60)

6. En pique-nique... (p. 34)

7. Pour que toute la famille se rassemble le plus vite possible... (p. 11)

8. Pour ne plus avoir à ramasser les reliefs du repas... (p. 47)

9. Pour balayer moins souvent... (p. 46)

10. Pour apprendre à taper plus vite à la machine... (p. 57)

11. Pour ne pas perdre une baignoire remplie d'eau chaude... (p. 51)

12. Les gaspilleurs d'eau et d'électricité... (p. 48)

Enfants perdus

Deux souvenirs d'enfants « laissés en arrière par mégarde » sont évoqués par l'auteur. (p. 24-25) Ces événements vous rappellent-ils quelque chose ? Vous souvenez-vous avoir été oublié quelque part, dans une foule, une fête, un lieu public ?

Racontez en quelques lignes ce souvenir. Si vous avez de la chance, étant petit, de n'avoir jamais été « égaré » par vos parents, imaginez l'aventure que cela peut devenir pour un enfant de quatre ou cinq ans.

Répartition des tâches

1. Que pensez-vous de la répartition des tâches indiquées page 45 ? Vous paraît-elle juste, équitable ? Pourquoi les filles ne poussent-elles pas la tondeuse ? Pourquoi la tâche d'épousseter les meubles n'incombe-t-elle pas aux garçons ?

2. A présent, imaginez que les enfants aient été consultés pour répartir les tâches entre le père et la mère. A qui auriez-vous attribué les tâches suivantes ? Trois réponses sont possibles : au père, à la mère, aux deux.
- Veiller que les devoirs soient faits
- Donner le biberon au dernier-né
- Vous soigner une écorchure
- Accrocher un tableau au mur
- Ouvrir une bouteille de vin
- Vous emmener chez le dentiste
- Repasser le linge
- Préparer les repas
- Recoudre un bouton
- Payer le loyer
- Vous priver de sortie
- Faire les courses

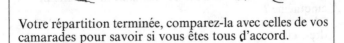

Votre répartition terminée, comparez-la avec celles de vos camarades pour savoir si vous êtes tous d'accord.

Quelle orthographe !

Ce père de famille nombreuse déclare n'avoir « jamais su l'orthographe avant d'être une grande personne » et ses enfants se demandent s'il s'agit d'une « forfanterie » ou d'une taquinerie. (p. 66)

1. La forfanterie étant exactement une « vantardise impudente », expliquez pourquoi, à votre avis, il serait impudent de se vanter d'ignorer l'orthographe.

2. Les opinions sur l'orthographe sont très partagées. En voici trois, que vous défendrez tour à tour en cherchant des arguments convaincants :
a) L'orthographe est indispensable à la bonne compréhension d'un texte
b) L'orthographe est une bonne chose mais on peut s'en passer
c) L'orthographe est une source de tracas inutile.

3. Voici un épisode de ce livre, relaté par quelqu'un qui ne connaît vraiment rien à l'orthographe. Saurez-vous le corriger ?

Le paire et la mer eurent temps dents fend qu'ils avaient constat ment peur dans nez garé quelles queues uns. C'est la raie zon pour lac aile ils faisaient la pelle tous les mâts teints : ces taies le grand rat semble ment.

Pourquoi ?

« Pourquoi, pourquoi, pourquoi ? Pourquoi ci, pourquoi ça ? Faut-il qu'il y ait un "pourquoi" à chaque chose ? demandait Mr. Gilbreth... » (p. 51)
Et vous, connaissez-vous les « parce que » de ces douze « pourquoi »?

1. Pourquoi Lill trouve-t-elle des patins à roulettes sous son oreiller ?
2. Pourquoi Mr. Gilbreth utilise-t-il des cache-clavier ?
3. Pourquoi la principale de Nishuane inscrit-elle Bill en cinquième ?
4. Pourquoi la baignoire destinée aux oiseaux s'effon-dre-t-elle ?

5. Pourquoi Mrs. Mebane refuse-t-elle de prendre le thé chez Mrs. Gilbreth ?

6. Pourquoi Mr. Gilbreth a-t-il lu *Alice au pays des merveilles* ?

7. Pourquoi Mr. Gilbreth a-t-il posé des briques en arrivant chez les parents de Lillie ?

8. Pourquoi Mr. Gilbreth assoit-il miss Lillie au sommet d'une bibliothèque ?

9. Pourquoi Mrs. Gilbreth projette-t-elle un voyage en Californie ?

10. Pourquoi Bill pousse-t-il Chew-Wong dans le four de la cuisinière ?

11. Pourquoi les enfants attrapent-ils la coqueluche ?

12. Pourquoi Bill n'aime-t-il pas son nouveau costume ?

Solutions page 262

Autour d'une tasse de thé

Rédigez une conversation sur les thèmes suivants ;

1. Mrs. Alice Mebane, revenue à New York dans son quartier général, prend le thé dans son club pour le contrôle des naissances ; une de ses amies lui demande pourquoi elle a l'air si suffoquée de sa visite à Montclair. Mrs. Mebane explose et lui raconte ses déboires chez Mrs. Bruce, puis chez les Gilbreth.

2. Pendant la récréation, Miss Billsop discute avec ses collègues ; elle est encore sous le charme de Mr. Gilbreth, qui vient de lui rendre une visite impromptue.

3. Peu après les fiançailles de Miss Lillie avec Frank Gilbreth, Mrs. Moller essaie d'expliquer à l'une de ses vieilles amies venue aux nouvelles ce qu'elle pense de son futur gendre.

4. Juste après le départ de « chère Lillie » et de ses enfants, Grosie va prendre le thé chez une cousine à laquelle elle fait le récit de la longue visite de sa fille et de tous les incidents qui ont animé son séjour.

« Finalement, êtes-vous prête à les accueillir de nouveau ? » lui demande sa cousine pour l'aider à faire le point...

Des grands-parents modèles
(p. 91)

Grand-papa et Grosie étaient « exactement des grands-parents de livre d'images ».

1. A votre avis, que signifie cette expression ? Comment seraient des grands-parents qui ne seraient pas « de livre d'images » ?

2. Victor Hugo a écrit un recueil de poèmes qui s'intitule *L'Art d'être grand-père*. Il en a consacré beaucoup à sa petite-fille Jeanne. En voici un :

LA LUNE

Jeanne songeait, sur l'herbe assise, grave et rose ;
Je m'approchai : – Dis-moi si tu veux quelque chose,
Jeanne ? – car j'obéis à ces charmants amours
Je les guette, et je cherche à comprendre toujours
Tout ce qui peut passer par ces divines têtes.
Jeanne m'a répondu : – Je voudrais voir des bêtes.
Alors je lui montrai dans l'herbe une fourmi.
Vois ! – Mais Jeanne ne fut contente qu'à demi.
– Non, les bêtes, c'est gros, me dit-elle.

                             Leur rêve,
C'est le grand. L'océan les attire à sa grève,
Les berçant de son chant rauque, et les captivant
Par l'ombre, et par la fuite effrayante du vent ;
Ils aiment l'épouvante, il leur faut le prodige.
– Je n'ai pas d'éléphant sous la main, répondis-je.
Veux-tu quelque autre chose ? ô Jeanne, on te le doit !
Parle. – Alors Jeanne au ciel leva son petit doigt.
– Ça, dit-elle. – C'était l'heure où le soir commence.
Je vis à l'horizon surgir la lune immense.

Victor Hugo,
L'Art d'être grand-père

Rapprochez cette scène de celle de votre livre (p. 91) et dites ce que cette comparaison vous suggère. En quoi ces deux grands-pères sont-ils différents ? Lequel préférez-vous ?

DEUXIÈME PARTIE (p. 103-232)

Dix questions pour continuer

La famille s'est agrandie : après les filles sont venus les garçons. Cette aventure familiale fourmille de détails qui ne vous ont peut-être pas échappé. Répondez à ces dix questions et reportez-vous à la page des solutions pour évaluer votre performance.

1. *La devise de grand-maman était :*
A. Qui aime bien châtie bien
B. Qui trop embrasse mal étreint
C. Qui va à la chasse perd sa place

2. *Pour bien compter les secondes il faut :*
A. Se régler sur les battements de son cœur
B. Mettre un « et » entre chaque nombre
C. Se prendre le pouls

3. *Dans une opération, le pire, c'est :*
A. La cicatrisation
B. L'anesthésie
C. L'appréhension

4. *Les deux canaris sont baptisés :*
A. « Ferme ça » et « M'as-tu entendu »
B. « M'as-tu entendu » et « Boucle-la »
C. « Tu m'écoutes » et « Ferme ça »

5. *Au moment du test, quand on lui dit : « Bleu »,
Ernestine dit :*
A. Ciel
B. Encre
C. Gnon

6. *Pour expliquer comment naissent les bébés, la mère parle :*
A. Des grenouilles
B. Des fleurs et des abeilles
C. Des baleines et des crevettes

7. *Le père et la mère s'opposent sur :*
A. Les sorties au cinéma
B. Les heures du coucher
C. Les châtiments corporels

8. *Pourquoi le père désire-t-il que ses filles apprennent à jouer d'un instrument ?*
A. Il a lui-même l'oreille juste
B. Il regrette de ne pas avoir appris
C. Il s'y connaît en musique

9. *Mr. Gilbreth pense que les filles sont commodes pour :*
A. Préparer les repas
B. Repriser les chaussettes
C. Veiller sur leurs vieux parents

10. *A l'époque où Anne termine ses études, commence :*
A. L'âge d'or
B. L'âge du jazz
C. L'âge du cinéma parlant

Solutions page 262

Les amygdales du petit Spartiate

Dans la Grèce antique, à Sparte, les enfants étaient mis à rude école. Ils étaient élevés loin de leurs parents, rassemblés en petits groupes sous la conduite d'un camarade plus âgé.
Ils devaient se procurer par le vol une partie de leur nourriture mais, s'ils se faisaient prendre, ils risquaient de sévères punitions.

On raconte ainsi l'histoire d'un jeune garçon qui, ayant dérobé un renardeau, le cacha sous sa tunique et se laissa dévorer les entrailles plutôt que d'avouer son forfait !
Que pensez-vous de cette méthode d'éducation ?
- Imaginez un moyen de prouver votre courage ou de faire montre de vos qualités personnelles devant tout le monde.
- Comment désirez-vous apparaître : stoïque, courageux, tenace, audacieux... ? Il existe en effet plusieurs manières de ne pas être lâche.

En avant la musique !

Mr. Gilbreth tient à ce que ses enfants apprennent à jouer d'un instrument de musique. « Anne fut consacrée au violon, Ernestine à la mandoline, Martha et Frank au violoncelle. » (p. 178) Ce sont là des instruments à cordes. Mais il existe encore trois catégories d'instruments : les instruments à vent, à clavier et à percussion.

1. Chacune des séries suivantes correspond à l'une de ces catégories. Mais, chaque fois, un intrus s'est glissé dans une catégorie qui n'est pas la sienne. Saurez-vous les trouver ?
a) Flûte, clairon, xylophone, saxophone
b) Carillon, piano, clavecin, balalaïka
c) Hautbois, cymbales, tambour, tam-tam

2. Et vous, aimez-vous ou aimeriez-vous jouer d'un instrument ? Quel est celui que vous aimez le plus entendre ? Expliquez votre choix en énonçant les avantages de votre instrument de prédilection sur les autres.

Solutions page 262

Le jeu des « therbligs »

Pour économiser des mouvements, il faut savoir identifier tous les gestes nécessaires à une action, puis éliminer les gestes superflus et réduire le temps nécessaire à chaque geste indispensable.

Un « therblig », expliquent les enfants Gilbreth, « est devenu une unité de mouvement ou de pensée ». (p. 132) Les « therbligs » permettent d'analyser, de décomposer un mouvement en micro-mouvements.

Par exemple, pour desservir la table, il faut :

a) Débarrasser les assiettes des restes qui les encombrent, c'est-à-dire :
- rechercher l'assiette la plus sale qui recevra tous les restes
- saisir chaque assiette
- en verser les restes dans l'assiette sale repérée en premier

b) Empiler les assiettes :
- ......
- ......

c) Regrouper les couverts :
- ......
- ......

d) Emporter l'ensemble à la cuisine :
- ......
- ......

1. Complétez cet exemple en indiquant les micro-mouvements ou therbligs en jeu, puis chronométrez-les et essayez des variantes pour raccourcir le temps que vous mettez à desservir. Peut-être reprendrez-vous la suggestion de Mr. Gilbreth lui-même ? (p. 60)

2. De quels « therbligs » vous servez-vous pour :
- vous brosser les dents ?
- atteindre le dictionnaire ?
- lancer un cerf-volant ?
- ouvrir un œuf à la coque ?

3. Avez-vous pensé que les recherches de Mr. Gilbreth (et d'un autre Américain plus célèbre, Frédéric Taylor) ont permis d'instaurer le travail à la chaîne ? Comment est-ce possible ?

Vive le cinéma !

(p. 192)

Lorsqu'un film est drôle, le père rit aux éclats ; lorsque le film est triste, il pleure bruyamment mais, dans tous les cas, les enfants sont gênés.

1. La réaction des enfants vous paraît-elle étrange ou logique ? Auriez-vous la même façon de réagir ?

2. Avez-vous le souvenir d'un film qui vous a particulièrement impressionné ? Racontez-le en ayant soin de rendre votre récit assez attrayant pour convaincre un ami d'aller le voir à son tour.

3. Êtes-vous un cinéphile averti ? Citez :
- trois films de Charlot   - trois films américains
- trois films italiens   - trois films russes

Souvenirs d'enfance

1. Qu'est-ce qui a poussé Frank et Ernestine Gilbreth à écrire ce livre ? Ressemble-t-il aux autres livres de souvenirs que vous avez lus ?

2. Pensez-vous que le livre aurait été très différent si un autre enfant de la famille l'avait écrit ?
- En particulier, comment Anne aurait-elle dépeint son père ? Et Bill ?
- Imaginez ces deux portraits, au physique et au moral, d'un père hors du commun.

Lu dans la presse

Mrs. Gilbreth a conservé toutes les coupures de presse consacrées à son mari le lendemain de sa mort. Rédigez ces articles :

1. Un journal se contente de publier l'annonce de la mort de Mr. Gilbreth à la rubrique nécrologique : tous les membres de sa famille y figurant en détail, n'oubliez pas sa belle-famille ni sa sœur Anne...

2. Un journal à sensations développe sur un ton mélodramatique les circonstances de son décès, l'avenir de sa famille, le grand vide qu'il laissera...

3. Un journal économique déplore, sur un ton neutre, la disparition de l'homme énergique qui se consacra jusqu'au bout à son métier.

4. L'*Age de Fer*, magazine bien connu de Mr. Gilbreth (p. 145), retrace toute la vie de Mr. Gilbreth.
Avant de rédiger cette biographie complète du grand homme, rassemblez le plus d'informations possible le concernant et remplissez cette fiche :

- il est né à F.........
  en 18.. (p. 38)
- il passa son enfance à A...........
  puis à B............ (p. 39)
- il choisit d'être apprenti-........ (p. 39)
- il devint c............
  puis s............
  puis c............ (p. 41)
- à 27 ans, il a .... (p. 41)
- il se marie en 19.. (p. 141 et 157)
- ses trois premières filles naissent à .... (p. 145)
- Martha naît à .... (p. 145)
- Bill naît à .... (p. 149)
- Lillian naît à ....(p. 150)
- Fred naît à .... (p. 153)
- Dan et Jack naissent à ..... (p. 155)
- Bob et Jane naissent à ..... (p. 155)
- pour quelles entreprises travaille-t-il ? (p. 7, 165, 166, 167...)
- quelles langues parle-t-il ? (p. 152) dans quels domaines a-t-il des connaissances particulières ? (p. 135, 160...)

Mrs. Gilbreth a gardé aussi une affiche annonçant une conférence de Mr. Gilbreth, « expert en rendement ». Composez le texte de cette affiche vantant ses mérites. (Rappelez, par exemple, qu'il fut le professeur du champion du monde de vitesse à la machine à écrire.)

Qui a dit à qui ?

Retrouvez qui a dit ces phrases et à qui elles ont été adressées :

	Qui l'a dit ?	A qui ?
1. Il y a un temps et une place pour les fessées !		
2. Eh bien ! poupée ? Ne sois pas timide !		
3. Mes éléphants ont envie de voir vos gosses.		
4. Ton père est un fameux lapin !		
5. Le lapin blanc de Boston.		
6. Vous êtes tellement méchants que je vous ai cassé mon fouet dessus.		
7. Mes enfants sont de la graine de pionniers.		
8. Je crois qu'il a son plein.		
9. Regardez ce petit Mongol qui a enfourché la scie mécanique.		
10. Vous êtes un cher vieux canard.		
11. Je pense que mon printemps de coq est passé.		
12. La pointure de mon chapeau est sept et trois huitièmes.		

Solutions page 262

2
JEUX ET APPLICATIONS
Combien d'enfants ?

Un jour, à l'école de Nishuane, un élève demande à Frank combien il y a d'enfants chez lui. Frank répond en lui posant une énigme :

« Je suis le cinquième enfant de la famille, et en multipliant par neuf le nombre de mes aînés, j'obtiens un nombre trois fois supérieur au nombre total des enfants. »

Vérifiez que l'énigme est bien posée puisque, vous, vous connaissez la réponse. Puis, inventez une autre énigme pour obtenir le même résultat avec Frank ou un autre de ses frères et sœurs.

Rendez à chacun son diminutif

On appelle une personne par un diminutif par affection, par familiarité, ou bien, dans le cas de Mr. Gilbreth pour... gagner du temps, car un diminutif est en général plus court que le prénom.

Dans le texte, certains des douze enfants ont un ou plusieurs diminutifs. A vous de les retrouver !

1.	Anne	A.	Bill
2.	Fred	B.	Andy
3.	John	C.	Ern
4.	Mary	D.	Mart
5.	Ernestine	E.	Billie
6.	Lillian	F.	Dan
7.	Jane	G.	Jack
8.	Daniel	H.	Bob
9.	Frank	I.	Lill
10.	Robert	J.	Jackie
11.	Martha	K.	Ernie
12.	William	L.	Lillie

Solutions page 263

Son portrait tout craché

Pour compléter le portrait de Mr. Gilbreth, écrivez la légende que ses enfants auraient pu choisir pour chacune de ces photographies en rappelant ce qu'il y fait. En cas d'hésitation, reportez-vous aux pages d'où sont extraites ces photographies.

Douze en série

Mr. Gilbreth est si fier de sa douzaine de petits rouquins qu'il compte souvent par douze : qu'est-ce qui lui prend douze minutes ? (p. 223) Quel mur a douze pieds de haut ? (p. 202)

Il existe certains nombres qui ont valeur de symbole. Ainsi le trois, le sept, le douze sont des chiffres sacrés. Savez-vous à quoi font allusion ces douze expressions qui, toutes, font intervenir un chiffre ?

1. Qu'appelle-t-on la une d'un journal ?
2. Qu'est-ce que la guerre des Deux-Roses ?
3. Comment s'appelaient les trois caravelles de Christophe Colomb ?
4. Qui sont les quatre évangélistes ?
5. Que représentent les cinq anneaux olympiques ?
6. Quels sont les six arts ?
7. Et... quel est le septième art ?
8. Qu'appelle-t-on les trois-huit ?
9. Quelles sont les neuf planètes principales du système solaire ?
10. Quelles ont été les dix plaies d'Égypte ?
11. Qu'est-ce qu'un ouvrier de la onzième heure ?
12. Quels sont les douze signes du zodiaque ?

Et petite question subsidiaire : quel est le sens exact de l'expression « treize à la douzaine » ?

Solutions page 263

Avez-vous lu
« La Roue de ta zizanie » ?

Il ne s'agit pas d'un nouveau livre mais bien de *Treize à la douzaine*. Le nouveau titre que nous lui avons donné est composé de toutes les lettres (et uniquement celles-là) du titre original : elles ont été disposées dans un ordre différent pour former cette suite de nouveaux mots.

1. Reportez-vous à la table des matières et trouvez les titres de chapitres qui se dissimulent sous ces titres-anagrammes :
A. Héron mis en plein four
B. Là, inclure « Sol »
C. Il n'éprouva que passion plate
D. Il essaye de manger

2. A présent, trouvez des titres-anagrammes pour les chapitres suivants :
E. D'une classe à l'autre
F. Cuisine chinoise
G. Quatre roues, pas de frein
H. Monsieur le président

Solutions page 264

Album de famille

Retrouvez le prénom de chaque Gilbreth, par ordre d'entrée en scène :

  1. Le père
  2. La mère
  3. C'est la première des Gilbreth à se couper les cheveux (p. 203)
  4. On ne sait rien d'elle (p. 145)
  5. C'est la première à taper sur la machine blanche (p. 57)
  6. Se mit la tête sous le jet d'eau du jardin (p. 97)
  7. A été oublié au restaurant (p. 25)
  8. A fait voir le petit oiseau à son père (p. 21)
  9. A peint toute seule la palissade (p. 48)
 10. Pleure la perte de Pierre et Maggie (p. 123)
 11. On l'oublie sur le *Léviathan* (p. 24)
 12. N'est pas d'humeur à écouter un récital d'orgue (p. 177)
 13. Doit son prénom au poète favori de sa mère (p. 156)
 14. Le dernier modèle (p. 157)

Des lettres pour douze prénoms

1. Numérotez les cases de 1 à 49 pour faire la liste des douze enfants Gilbreth : les lettres d'un nom se touchent verticalement ou horizontalement, de gauche à droite ou de droite à gauche.

F	R	E	D	D	A	N
L	L	I	L	L	L	J
A	N	N	E	M	I	O
R	E	Y	R	A	B	H
N	F	R	A	N	K	N
M	T	N	A	R	E	R
A	R	E	J	T	B	O

2. Économisez le mouvement : trente cases suffisent pour faire la liste des douze prénoms, si certaines lettres servent deux fois et si les lettres peuvent se lire en diagonale. Ainsi JANE se lit dans les cases 4, 5, 9, 10.
JOHN ....4, 3, 2, 1.

Trouvez les prénoms suivants :
FRED - LILL - BILL - BOB - ANNE - DAN - ERN - MART - MARY.

N$_1$	H$_2$	O$_3$	J$_4$	A$_5$
A$_6$	D$_7$	M$_8$	N$_9$	E$_{10}$
F$_{11}$	R$_{12}$	A$_{13}$	N$_{14}$	K$_{15}$
R$_{16}$	T$_{17}$	R$_{18}$	Y$_{19}$	B$_{20}$
E$_{21}$	N$_{22}$	B$_{23}$	O$_{24}$	I$_{25}$
D$_{26}$	L$_{27}$	I$_{28}$	L$_{29}$	L$_{30}$

3. Économisez encore plus le mouvement : sachant que seize lettres suffisent pour écrire le nom des douze Gilbreth :
- quelles lettres faut-il ajouter à celles composant le nom de Frank Gilbreth pour pouvoir composer ceux de tous les enfants ?
- quelle est la seule lettre de son nom qui ne se retrouve dans aucun des prénoms de ses enfants ?

Solutions page 264

Pages de publicité

Inventez le slogan et le dessin d'une affiche publicitaire mettant en jeu les douze enfants Gilbreth :
- pour une lessive douze fois plus efficace
- pour un petit déjeuner irlandais
- pour les douze coloris d'un papier peint ou d'une laine
- pour les réductions consenties par la SNCF aux familles nombreuses
- pour la variété des fromages français
- pour les montres Gilbreth

3
LES FAMILLES NOMBREUSES DANS LA LITTÉRATURE

Les Quatre Filles du docteur March

Pendant la guerre de Sécession, Meg, Jo, Amy et Beth sont restées avec leur mère dans la demeure familiale, tandis que leur père est au front. Quatre filles, c'est assez pour faire une famille nombreuse, que rien n'empêche d'être unie !

« – Voyons, mes enfants, cessez de vous chamailler ! Ah, si nous avions encore la fortune que papa a perdue quand nous étions petites, nous n'aurions pas tous ces soucis ! Comme ce serait facile d'être bonne et heureuse, tu ne crois pas, Jo ? demanda Meg qui avait connu des jours meilleurs.

– Mais tu as dit l'autre fois que, malgré leur argent, les petits King ne sont jamais contents ! Je croyais qu'ils se disputaient tout le temps et que nous n'avions rien à leur envier.

– C'est vrai, je l'ai dit, et je le pense aussi, ma petite Beth. Car même si nous sommes obligées de travailler, nous nous amusons joliment bien toutes les quatre. Nous formons une petite équipe drôlement chouette, comme dirait Jo !

– Celle-là, il faut toujours qu'elle emploie des mots d'argot, protesta Amy en lançant un regard réprobateur à son aînée, toujours vautrée sur le tapis.

Jo se redressa aussitôt, fourra les mains dans ses poches et se mit à siffloter.

– Jo, arrête ! On dirait un garçon !

– C'est bien pour ça que je le fais.

– Je déteste les filles grossières et mal élevées.

– Et moi j'ai horreur des chochottes.

– Dans leur nid, les petits oiseaux sont tous du même avis, chantonna Beth, la médiatrice.

Son air suppliant était si cocasse que les deux autres, attendries, éclatèrent de rire et cessèrent provisoirement de se disputer.

– Il n'y en a pas une pour racheter l'autre, maugréa Meg, très sœur-aînée-qui-sermonne-ses-cadettes. José-

phine, il est temps que tu commences à te conduire convenablement. Ces manières de garçon manqué ne sont plus de ton âge. Tant que tu étais petite, ça n'avait pas beaucoup d'importance ; mais quand on a la taille que tu as et qu'on porte ses cheveux relevés, on ne doit pas oublier qu'on est une jeune fille.

– Mais je ne suis pas une jeune fille ! Et si c'est ma coiffure qui le fait cet effet-là, je continuerai à porter des nattes jusqu'à l'âge de vingt ans ! s'écria Jo qui arracha sa résille et secoua sa crinière couleur de marron d'Inde. Je n'ai aucune envie de grandir et de devenir une demoiselle March, pas plus que de porter des robes longues et de me pavaner comme une reine-marguerite. C'est déjà assez déplaisant comme ça d'être une fille, alors qu'on n'aime que les manières, les jeux et les occupations des garçons ! Je n'arrive pas à me consoler de ne pas en être un, surtout maintenant qu'il y a la guerre. J'aurais tant voulu rejoindre Papa au front, au lieu de rester sagement à tricoter à la maison comme une vieille grand-mère !

Et Jo secoua si fort la chaussette de l'armée qu'elle tricotait que ses aiguilles se mirent à cliqueter comme des castagnettes et que sa pelote de laine bleue fit des bonds à travers la pièce.

– Ma pauvre Jo ! C'est bien triste, mais on ne peut rien y faire. Il faut te contenter de raccourcir ton prénom et de nous servir de grand frère, dit Beth qui se pencha pour caresser la tête ébouriffée de sa sœur d'une main à laquelle toute la vaisselle et le ménage du monde ne pouvait ôter sa douceur.

– Quant à toi, Amy, reprit Meg, tu es trop pointilleuse et trop collet monté. Pour le moment tes grands airs nous amusent encore mais, si tu n'y prends pas garde, tu vas devenir une vraie petite dinde. J'apprécie tes bonnes manières et ton langage châtié, mais quand tu te mets à employer des mots trop recherchés tu es aussi ridicule que Jo avec son argot.

– Si Jo est un garçon manqué et Amy une dinde, alors moi, qu'est-ce que je suis ? demanda Beth, toute prête à prendre sa part de remontrances.

– Tu es un cœur, un point c'est tout, répondit affectueusement Meg. »

Louisa May Alcott,
Les Quatre Filles du docteur March,
traduction de Paulette Vielhomme-Callais,
© Gallimard

Le Mystère Frontenac

Après la mort de son frère Michel, Xavier Frontenac commence à se consacrer à ses cinq neveux, à comprendre que c'est par eux que se perpétue la vie de la famille, à travers mille détails à peine visibles...

« Seule, la lampe avait changé : Mme Frontenac avait acquis un modèle nouveau que toute la famille admirait : une colonne d'albâtre supportait le réservoir de cristal où la mèche, large ténia, baignait dans le pétrole. La flamme se divisait en nombreux pétales incandescents. L'abat-jour était un fouillis de dentelles crème, relevé d'un bouquet de violettes artificielles.

Cette merveille attirait les enfants avides de lecture. En l'honneur de l'oncle Xavier, ils ne se coucheraient qu'à neuf heures et demie. Les deux aînés, Jean-Louis et José, sans perdre une seconde, avaient pris leurs livres : les deux premiers tomes des *Camisards* d'Alexandre de Lamothe. Couchés sur le tapis, les oreilles bouchées avec leurs pouces, ils s'enfonçaient, s'abîmaient dans l'histoire ; et Xavier Frontenac ne voyait que leurs têtes rondes et tondues, leurs oreilles en ailes de Zéphyr, de gros genoux déchirés, couturés, des jambes sales, et des bottines ferrées du bout, avec des lacets rompus, rattachés par des nœuds.

Le dernier-né, Yves, auquel on n'eût jamais donné ses dix ans, ne lisait pas, mais, assis sur un tabouret tout contre sa mère, il frottait sa figure aux genoux de Blanche, s'attachait à elle, comme si un instinct l'eût poussé à rentrer dans le corps d'où il était sorti. Celui-là se disait qu'entre l'explication au tableau de demain matin, qu'entre le cours d'allemand où M. Roche peut-être le battrait, et le coucher de ce soir, une nuit bénie s'étendait : "Peut-être, je mourrai, je serai malade..." Il avait fait exprès de se forcer pour reprendre de tous les plats.

Derrière le lit, les deux petites filles, Danièle et Marie, apprenaient leur catéchisme. On entendait leurs fous rires étouffés. Elles étaient isolées, à la maison même, par l'atmosphère du Sacré-Cœur, tout occupées de leurs maîtresses, de leurs compagnes, et souvent, à onze heures, dans leurs lits jumeaux, elles jacassaient encore.

Xavier Frontenac contemplait donc à ses pieds ces têtes rondes et tondues, les enfants de Michel, les derniers Frontenac. Cet avoué, cet homme d'affaires avait la gorge

contractée ; son cœur battait plus vite : cette chair vivante était issue de son frère... Indifférent à toute religion, il n'aurait pas voulu croire que ce qu'il éprouvait était d'ordre mystique. Les qualités particulières de ses neveux ne comptaient pas pour lui ; Jean-Louis, au lieu d'être un écolier éblouissant d'intelligence et de vie, eût-il été une petite brute, son oncle ne l'en aurait pas moins aimé ; ce qui leur donnait, à ses yeux, un prix inestimable ne dépendait pas d'eux. »

François Mauriac,
Le Mystère Frontenac,
© Grasset

La Case de l'oncle Tom

Homme de confiance de M. Shelby, qui lui laisse une grande liberté dans la ferme, Tom a la chance de vivre au milieu de sa famille... Mais M. Shelby a des difficultés pécuniaires et il sera contraint de vendre son meilleur esclave...

« – Ils se sont tellement chatouillés, dit Tom, que maintenant ils ne peuvent plus se tenir tranquilles.

A ce moment les enfants sortirent de dessous la table, et, les mains et le visage pleins de mélasse, commencèrent à embrasser vigoureusement la petite fille.

– Voulez-vous bien vous en aller ! dit la mère en repoussant les tête crépues... Comme vous voici faits !... Cela ne partira jamais ! Courez vous laver à la fontaine. Et à ses exhortations elle ajouta une tape qui retentit formidablement, mais qui n'excita autre chose que le rire des enfants, qui tombèrent l'un sur l'autre en sortant avec des éclats de rire joyeux et frais.

– A-t-on jamais vu d'aussi méchants garnements ? dit Chloé avec une certaine satisfaction maternelle.

Elle atteignit une vieille serviette destinée à cet effet ; elle prit un peu d'eau dans une théière fêlée, et débarbouilla les mains et le visage du baby. Elle les frotta jusqu'à les faire reluire, puis elle mit l'enfant sur les genoux de Tom, et fit disparaître les traces du souper. Cependant le marmot tirait le nez, égratignait le visage de Tom et passait dans les cheveux de son père ses petites mains potelées. Ce dernier exercice semblait surtout lui causer une joie particulière.

– N'est-ce point là un bijou d'enfant ? dit Tom en

l'écartant un peu de lui pour mieux la voir ; et, se levant, il l'assit sur sa large épaule et commença de gesticuler et de danser avec elle, tandis que George secouait autour d'elle son mouchoir de poche, et que Moïse et Peter cabriolaient comme de jeunes ours. Chloé déclara enfin que tout ce bruit lui fendait la tête ; mais, comme cette plainte énergique se faisait entendre plusieurs fois par jour dans la case, elle ne réprima point la gaieté pétulante de nos amis : les jeux, les danses et les cris continuèrent jusqu'à ce que chacun tombât d'épuisement.

Pendant que cette scène se passait dans la case de l'esclave, une bien différente avait lieu dans la maison du maître.

Le marchand et M. Shelby étaient assis l'un devant l'autre dans la salle à manger, auprès d'une table couverte de papiers et de tout ce qu'il faut pour écrire. M. Shelby était occupé à compter des liasses de billets. Quand ils furent comptés, il les passa au marchand, qui les compta également.

– C'est bien, dit celui-ci ; il n'y a plus maintenant qu'à signer. »

Harriet Beecher Stowe,
La Case de l'oncle Tom

Jacquou le Croquant

Au soir d'une vie misérable et révoltée, Jacquou s'est retiré au sein de la très nombreuse famille qu'il a fondée, et qui le console de la solitude qu'il a trop longtemps connue au long de son existence.

« J'ai eu treize enfants, mâles ou femelles. On dit que ce nombre de treize porte malheur ; moi, je ne m'en suis jamais aperçu. Il ne nous en est pas mort un seul, ce qui est une chose rare et quasi extraordinaire. Mais, nés robustes et nourris au milieu des bois, dans un pays santeux, ils étaient à l'abri de ces maladies qui courent les villes et les bourgs, où l'on est trop tassé. Si je dis que j'ai eu tant de drôles, ça n'est pas pour me vanter, il n'y a pas de quoi, car les hommes ne souffrent pas pour les avoir : c'est les pauvres femmes qui en ont tout le mal, et aussi la peine de les élever. La mienne avait vingt ans quand nous nous sommes mariés, et de là en avant, jusque vers cinquante ans, elle n'a cessé d'en avoir un entre les bras, qu'elle

posait à terre lorsque l'autre arrivait. Je dirai franchement que sur la fin j'en avais un peu perdu le compte : car, un soir de carnaval, en soupant, je m'amusais à les nombrer, et je n'en trouvais que onze.

— Et la Jeannette qui est là-bas, mariée au Moustier, dit ma femme, est-ce qu'elle est bâtarde ?

— C'est ma foi vrai ! je n'y pensais plus ; mais ça ne fait toujours que douze ?

Alors elle alla prendre dans le lit le petit dernier et me le présenta :

— Et celui-là donc, tu ne le connais pas ?

— Ah ! le pauvre ! je l'oubliais.

Et, prenant le petit enfançon qui me riait, je l'embrassai et je le fis un peu danser en l'air ; après quoi, je lui donnai à téter une petite goutte de vin dans mon verre.

Et cependant, les autres drôles qui étaient là autour de la table s'égayaient de voir que le père ne retrouvait plus sa treizaine d'enfants.

En ce temps-là, il y en avait de mariés, garçons et filles, d'autres partis travailler hors de la maison, de manière qu'il n'était pas bien étonnant d'en oublier quelqu'un : oui, seulement ma femme disait que le carnaval en était la cause.

C'est bien sûr que si l'homme n'a pas le mal de faire et d'élever les enfants, il lui faut affaner pour les nourrir et entretenir, ce qui n'est pas peu de chose, surtout lorsqu'il y en a tant. Pourtant, Dieu merci, je ne leur ai pas laissé manquer de pain, ce qui n'a pas été sans bûcher dur : mais quoi ! nous sommes faits pour ça, je ne m'en plains pas. »

Eugène Le Roy,
Jacquou le Croquant

4
SOLUTIONS DES JEUX

Vous sentez-vous l'âme
d'un aîné ou d'un benjamin ?

(p. 235)

Si vous obtenez une majorité de △ : votre goût des responsabilités, votre caractère sociable font que vous ne redouteriez pas, comme Anne, de vous trouver à la tête d'une dizaine de frères et sœurs. Mais veillez à ce que votre penchant pour le commandement reste mesuré !

Si vous obtenez une majorité de □ : la situation douillette du petit dernier ne serait pas pour vous déplaire. Bon vivant et serein, vous avez tendance à vous reposer sur les autres, les responsabilités n'étant pas votre fort.

Si vous obtenez une majorité de ○ : vous être trop indépendant et vous avez trop le goût de la solitude pour vous plaire dans un statut d'aîné ou de benjamin. L'idéal serait peut-être pour vous d'être enfant unique ?

Dix questions pour commencer

(p. 237)

1 : A (p. 7) - 2 : C (p. 10) - 3 : B (p. 23) - 4 : B (p. 29) - 5 : A (p. 42) - 6 : C (p. 48) - 7 : B (p. 59) - 8 : C (p. 76) - 9 : A (p. 83) - 10 : A (p. 102)

Si vous obtenez de 7 à 10 bonnes réponses : bravo ! Aucun détail ne vous a échappé, tout est resté gravé dans votre mémoire.

Si vous obtenez de 4 à 6 bonnes réponses : vous avez retenu l'essentiel, ce qui n'est déjà pas si mal ; mais si vous aviez une famille de douze enfants, iriez-vous jusqu'à oublier le nom de chacun ?

Si vous obtenez moins de 4 bonnes réponses : vous avez sans doute voulu gagner du temps, comme Mr. Gilbreth, mais votre méthode de lecture rapide n'est pas très au point...

Pourquoi ?
(p. 240)

1 : p. 50 - 2 : p. 57 - 3 : p. 69 - 4 : p. 64 - 5 : p. 79 - 6 : p. 83 - 7 : p. 86-87 - 8 : p. 86 - 9 : p. 80 - 10 : p. 100 - 11 : p. 98 - 12 : p. 96.

Dix questions pour continuer
(p. 243)

1 : A (p. 104) - 2 : B (p. 114) - 3 : C (p. 115) - 4 : A (p. 122) - 5 : B (p. 148) - 6 : B (p. 153) - 7 : C (p. 173) - 8 : A (p. 178) - 9 : C (p. 188) - 10 : B (p. 200)

Si vous obtenez de 7 à 10 bonnes réponses : votre lecture attentive ne laisse rien dans l'ombre de sorte que tout, dans cette famille nombreuse, vous est... familier.

Si vous obtenez de 4 à 6 bonnes réponses : certes, vous ne vous perdez pas dans les méandres de cette aventure à rebondissements mais c'est tout juste...

Si vous obtenez moins de 4 bonnes réponses : peut-être n'avez-vous lu qu'un chapitre sur deux pour aller plus vite ?

En avant la musique !
(p. 244)

a) Suite d'instruments à vent sauf le xylophone
b) Suite d'instruments à clavier sauf la balalaïka
c) Suite d'instruments à percussion sauf le hautbois

Qui a dit à qui ?
(p. 248)

1. Mr. Gilbreth à Bill (p. 21)
2. Une jeune personne à Mr. Gilbreth (p. 25)
3. L'homme des billets à Mr. Gilbreth (p. 29)
4. Un camarade aux enfants (p. 72)
5. Mr. Gilbreth à Mrs. Moller (p. 83)
6. Grand-maman aux enfants (p. 104)
7. Mr. Gilbreth au docteur Burton (p. 105)

8. Le chauffeur de taxi à la mère (p. 117)
9. Frank à Anne (p. 196)
10. Libby à Mr. Gilbreth (p. 223)
11. Mr. Gilbreth à Maman (p. 224)
12. Mr. Gilbreth à Miss Canavan (p. 228)

Rendez à chacun son diminutif

(p. 249)

1 : B - 3 : G - 5 : C, K - 6 : I, L - 8 : F - 10 : H - 11 : D - 12 : A, E

Douze en série

(p. 250)

1. C'est la première page. 2. En Angleterre, les York (rose blanche) et les Lancastre (rose rouge) luttaient pour la succession au trône. 3. La *Santa Maria*, La *Pinta* et la *Niña*. 4. Marc, Jean, Matthieu et Luc. 5. Les continents : Europe (bleu), Asie (jaune), Afrique (noir), Amérique (rouge) et Océanie (vert). 6. Peinture, sculpture, architecture, musique, poésie et danse. 7. Le cinéma. 8. Trois équipes d'ouvriers se relaient, chacune travaillant huit heures, pour faire tourner les machines en permanence. 9. Mercure, Vénus, Terre, Mars, Jupiter, Saturne, Uranus, Neptune, Pluton. 10. L'eau du Nil se change en sang ; invasion de grenouilles ; invasion de moustiques ; invasion de mouches ; la peste décime le bétail ; les hommes sont couverts d'ulcères ; la grêle dévaste les champs ; nuages de sauterelles ; les ténèbres recouvrent le pays ; mort du premier-né de chaque famille. 11. Dans une parabole du Nouveau Testament, il arrive à la fin de la journée mais sera payé autant que les autres. 12. Bélier, Taureau, Gémeaux, Cancer, Lion, Vierge, Balance, Scorpion, Sagittaire, Capricorne, Verseau, Poisson.

Avez-vous lu
« La Roue de ta zizanie » ?
(p. 252)

1. A : Orphelins en uniformes
   B : Sur la colline
   C : La personne qui vous appelait
   D : Amygdales en série
2. E : Et cru dans l'eau sale
   F : Choisis-en une ici
   G : Soupe rare de requins fats
   H : L'espoir te rend si menu

Mais ce ne sont pas les seules possibles !

Des lettres pour douze prénoms
(p. 253)

1. ANNE	1.2.3.4		29	30	31	32	33	34	35

1. ANNE   1.2.3.4
   MARY   5.6.7.8
   ERN   9.10.11
   MART   12.13.14.15
   FRANK   16.17.18.19.20
   BILL   21.22.23.24
   LILL   25.26.27.28
   FRED   29.30.31.32
   DAN   33.34.35
   JOHN   36.37.38.39
   ROBERT   40.41.42.43.44.45
   JANE   46.47.48.49

29	30	31	32	33	34	35
28	27	26	25	24	23	36
1	2	3	4	5	22	37
10	9	8	7	6	21	38
11	16	17	18	19	20	39
12	15	48	47	44	43	40
13	14	49	46	45	42	41

2. FRANK   11.12.13.14.15
   FRED   11.16.21.26
   LILL   27.28.29.30
   BILL   20.25.30.29 (ou : 23.28.29.30)
   BOB   23.24.20
   ANNE   5.9.14.10
   DAN   7.6.1
   ERN   21.16.22
   MART   8.13.18.17
   MARY   8.13.18.19

3. Il suffit d'ajouter cinq lettres : DJMYO
La lettre qui ne se retrouve pas est l'initiale du nom : G

Villa Aurore
suivi de Orlamonde

Le Roy, Eugène
Jacquou le croquant

Leusse, Claude de
La Belle et le Feïjao

London, Jack
Croc-Blanc
L'amour de la vie
suivi de Négore le lâche
L'appel de la forêt
Le fils du loup
Le loup des mers

Luc, saint
Evangile selon saint Luc

Mac Orlan, Pierre
L'ancre de miséricorde
Les clients du Bon Chien
Jaune

Malot, Hector
En famille / I
En famille / II
Sans famille / I
Sans famille / II

Manceron, Claude
Austerlitz
Le citoyen Bonaparte

Martin, Didier
Frédéric + Frédéric = Frédéric

Massepain, André
L'île aux fossiles vivants

Maurois, André
Patapoufs et Filifers

Mebs, Gudrun
L'enfant du dimanche
Je sais où est la clef

Ménard, Jean-François
Le voleur de chapeaux

Mérimée, Prosper
Colomba

Mirman, Louis
Grite parmi les Loups
Le silex noir
Youg

Morgenstern, Susie
Premier amour, dernier
amour

Mörike, Eduard
Un voyage de Mozart
à Prague

Morpurgo, Michael
Cheval de guerre

Njami, Simon
Les enfants de la cité

Noguès, Jean-Côme
Le vœu du paon

Norton, Mary
Tous les géants sont-ils bien
morts?

Ollivier, Jean
Histoires du gaillard d'avant

Pef
La grande aventure du livre

Pelot, Pierre
Sierra brûlante

Pergaud, Louis
La guerre des boutons

Perrault, Charles
Contes de ma mère l'Oye

Peyramaure, Michel
La vallée des mammouths